泉房穂
聞き手＝鮫島浩

政治はケンカだ！

明石市長の12年

KODANSHA

政治はケンカだ!

明石市長の12年

まえがき

「人から嫌われたくない」なんて思ったことはない。

誰もが納得する方針転換などないのだから、市長が改革を進めたらハレーションが起こり、反発する層が出てくることは当然だ。嫌われても、恨まれても、市民のために結果を出すことが政治家としての私のミッションだったから、そして多くの市民が私を信じてくれたから、ブレることなく走り切ることができた。

元々、「四面楚歌」とか「絶体絶命」という言葉が好きで、四方を囲まれたら終わり、とは思わない。地上が無理なら空にジャンプするか、地面を潜って逃げるか、と体中の細胞が活性化して状況を打開するアイデアが次々に浮かぶ。

そんな私のやり方は、乱暴だと思われたかもしれないが、私のまちづくりの理念を真っ先に理解し、いちばん近くで応援してくれたのが市民だった。街を歩くと、「私たちはわかってるから」「マスコミに負けないで！」と口々に声をかけてくれた。

市長への意見箱には、「こんなことを言ってもだめかもしれないけど、泉市長だから言います」とさまざまな意見が届いた。私を身近に感じ、まちづくりの仲間だと思ってくれているからだ、と思い、できる限り対応した。

一生明石市長でいたい、と思ったこともあったが、もちろんそんなことはできない。市長は駅伝の走者に似ている。ひとりでできることには限りがあり、自分でゴールを切ることはできない。歴代の市長がタスキをつなぎながらまちづくりを進めるものだ。私も中間走者として、苦しい登り坂が続く区間を精一杯走り切った。悔いはない。苦しい区間を伴走してくれた市民が、これからも明石のまちを支えてくれる、もう私が市長でなくても大丈夫、という自信がある。

まちづくりは、選挙で選ばれた者だけが担うのではなく、市民が選挙で選ばれた首長と一緒にやるものというのが持論だ。市長でなくなったからといって、まちづくりや政治と無関係になるわけではない。これからは私もひとりの市民となり、タスキをつないだ新しい市長とともに走る側にまわるだけだ。

市長として、やさしい社会を「明石から始める」については、ある程度結果を残せたと思う。

明石市の人口が増えたことがその答えだが、誤解して欲しくない。人口増を目指したのではない。誰でも自分に冷たいまちで暮らしたいとは思わない。「数が少ないから」と切り捨てず、一人ひとりに光をあてた政策をすれば、「ここに住み続けたい」と思う人が増えるのはあたりまえのことだ。

そしてそれができるのが「市長」なのだ。市長にだけはその権限がある。一人ひとりの市民が暮らしやすいまちづくりをしたら、「明石に住みたい」「明石に住み続けたい」と思う人が増えただけのこと。

あたりまえのことなのに、珍しい市長のように言われるなんて、不思議なことだ。

明石市は子ども施策だけに力を入れたと思われがちだが、そうではない。「困ったとき」は誰にでも、突然訪れる。そのときに必要な支援を届けるのが行政の役割だ。少数の困りごとを切り捨てず、寄り添い解決することが多数の人々のセーフティネットになるという思いで、様々な施策を「条例」にして、残してきた。

「手話言語・障害者コミュニケーション条例」

「障害者配慮条例」

「犯罪被害者支援条例」

「更生支援・再犯防止条例」

「優生保護法被害者支援条例」

「インクルーシブ条例」

「子どもの養育費条例」

それぞれの対象者は多数派ではないが、市民の理解を得て制定してきた。


なかでも特に思い入れが強かったのは「優生保護法被害者支援条例」。私が政治家をめざした原点でもある悪法「優生保護法」によって、強制的に不妊手術や人工妊娠中絶を受けさせられた被害者に寄り添い、優生思想を許さないことを誓う条例である。本書でも語るが、この条例制定には、議会多数派の強烈な反対があった。

それに対して、市民からは多くの賛成と応援の意見が届いた。「困ったときはお互いさま」「誰ひとり排除しない」よく使われる言葉だが、明石市民には、この言葉の本当の意味が浸透していると実感し、感慨深かった。

明石市のまちづくりの根幹である「誰ひとり取り残さないやさしいまちづくり」の理念

をカタチにしたのが「インクルーシブ条例」である。条例づくりの過程もインクルーシブを意識して進めた。制定時ほとんど話題にもならず、報道もされなかったが、「すべての人が自分らしく生きられる」ことを目的としたこの条例こそが真骨頂だと思っている。

明石市長としての12年を終えた今、とても清々しい気持ちだ。名残惜しい気持ちや、やり残した感はなく、次のステージに行くぞ、とやる気が満ちてくる。

やさしい社会を「明石から広げる」のがこれからの私の役割だ。「明石市でできたことは他の自治体でもできる。まして国なら簡単にできる」と言い続けてきたことを、さらに発信し、実現していく。

こんな冷たい社会のままで死にたくない、自分の手でやさしい社会に変える、と子どもの頃に誓った気持ちは今も変わらない。

在任中、毒舌、暴言と言われた私だが、これでも市長の任期中は慎重に言葉を選び、奥歯にモノが挟まったような言い方しかできなかった。本書では、市長としての12年間を、聞き手を務めてくれた鮫島浩さんに本音で語った。

政治についての本音トークは少々刺激が強いかもしれないが、多くの方に現場のリアルを感じていただき、それでも諦めることなく声をあげてほしい、という思いだ。
一人ひとりが声をあげなければ、社会を変えることはできないのだから。

2023年5月1日　泉 房穂

目次

第二章 議会論

第三章　政党論

第五章 宗教・業界団体論 173

第六章 マスコミ論

第七章　リーダーシップ論　233

ブックデザイン　鈴木成一デザイン室
写真　鮫島真紀子
編集協力　斉藤有平

第一章 闘いの日々

私はすぐカッとなりますし、人間としてできてない部分はたくさんある。
でも、ある意味ではすごく冷めてるんです。
市長引退は、消耗戦に突入するより
場面転換を図ったほうが得策だというシンプルな判断です。

政治家としての原点

突然だった市長引退宣言

――泉さんとは、2022年7月の参院選直前に初インタビューして以来、半年ぶりです。少子高齢化で人口減少に悩む自治体が多い中「9年連続人口増」「8年連続税収増」を成し遂げた明石市の子育て支援政策に、注目が集まり始めていた時期でした。改革の波は徐々に広がり、明石市周辺の自治体では選挙に勝つためにどの候補者も子育て支援策を掲げるようになりました。

しかし2022年10月、二度目となる暴言騒動で実にあっさりと政治家引退を表明されて……。度肝を抜かれました。

泉 我ながら展開早いですね。ローリング・ストーンじゃないですけど、本当に目まぐるしい。『鮫島タイムス』で取り上げてもらった動画をかなり見てもらえたようで、前回の対談の直後ぐらいから、一気に火がついたように感じています。「明石でできたことは他の自治体でもできる」「明石でできたことは、国でもできる」というメッセージが届いたのかなと。市民に負担を課さなくても、明石で子ども施策が成功して、人口増・税収増につながったという結果が、みなさんの良いヒントになったのではないでしょうか。

ついに東京都の小池百合子知事まで子どもへの給付に舵を切りましたからね。マスコミは、「できるはずがない」と批判するばっかりですが、「トップが決断すればできる」と私は言い続けてきた。

実際に他の自治体が動き始め、「政治決断すれば、一定のことはできるんだ」という確信が得られ、非常に嬉しいです。大マスコミには到底及ばない、個人のツイッターという微力ですが、市民・国民に直接メッセージを発し続けた意味はあったかな。

――微力なんて、とんでもない。2021年末にツイッターを始められて、1年あまりでフォロワー40万人を突破しています。明石市で改革を進める泉市長に対して全国的な関心が高まっているのでしょう。

どの政党や団体からも支援を受けずに明石市長を務めてこられた、泉さんの3期12年間は、まさに孤立無縁の闘いの日々だったと言い換えることができます。今回は、泉さんの「闘争」にテーマを絞り、明石市長として変革を進める上で障壁となったいくつかの勢力について、片っ端から斬ってもらおうと考えています。

泉　人は私を「毒舌」と言いますが、私からすれば、奥歯にモノが挟まって口をグルグル巻きにされているぐらい、市長在任期間中は言いたいことが言えなかった。自分としてはもっと本質的なことを発信したかったのですが、ハレーションや誤解を避けるために、私なりにかなり我慢していたのです。ストライクゾーンのギリギリを投げてるつもりだったんですけど、他の人から見れば「頭めがけてビーンボールを投げた」ということになる。

この本の発売日には「明石市長」という肩書が外れるので、言いたいことを言わせてもらいます。「闘争」ということで言うと、市長になる以前から、私の人生は闘いの連続でした。政敵やマスコミだけじゃなく、ありとあらゆる敵と闘ってきましたから。

障害を持って生まれた弟の存在

――闘う政治家・泉房穂がどのように作られたのか、そのあたりから聞かせてください。泉さんの政治家としての原点には、障害を持って生まれた4歳下の弟さんの存在があった。

泉　弟のこと以前に、まず家がものすごく貧乏だったんです。明石市の西部に位置する、播磨灘に面した二見町《ふたみちょう》という貧しい漁村。その村のなかでも特に貧しい家庭に、私は生まれました。親父は小卒で漁師になってますし、母親は中卒。私が幼い頃から、「金持ちとは喧嘩するな」「歯向かうな」というのが両親の口癖でね。「貧乏人が金持ちと喧嘩しても勝てるわけないから、悔しくても頭下げなしゃあないで」と言うんです。私は「そんなわけはない」と思ってたんですけどね。

だけど、両親がそう言うのにも理由がある。うちの親父は、兄貴2人と義兄（姉の夫）を戦争で亡くしているんです。親父からすると、3人の兄が戦争に取られて死んでるわけです。戦時中、うちの村の人たちは激戦地に行かされて、明石市内の他の地域と比べても、やたらたくさん死んでるんです。つまり、昔から貧しかったうちの村に暮らす人の命は軽かったんです。それをつぶさに見ているから、「金持ちとは喧嘩するな」となるわけです。

歴史を調べてみると、江戸時代から貧しかったようです。明石の豊かな漁師町は権力に可愛がられて、いい場所で漁をすることを許されていたのですが、うちの村は魚が獲れる漁場で漁をさせてもらえずに、餓死者が続出していた。生まれてきた子どもたちを満足に育てることができなかったので、うちの村だけやたら水子地蔵が多いんです。

そういう「貧困」とか「理不尽な差別」を、村の人はみな肌で感じていた。それを象徴するのが戦争です。

――まさに戦争のリアリズムですね。徴兵制度は「国民皆兵」を原則としていたはずですが、それはあくまで建前。実際には、皆が平等に召集されるわけではなく、弱いところから戦争に駆り出されていく。

泉　その通り。うちの親父は10歳で終戦を迎えているのですが、兄貴が3人も死んでしまったから、10歳ちょっとで漁師になって家族を支える以外の選択肢がなかった。その親父の3軒隣で、同じく貧乏な漁師の家で生まれ育ったのがうちの母親で、中学を出たら女工さんとして働きに出てました。そういう両親の下に生まれたのが私で、その4年後に障害を持った弟が生まれた。

当時は「優生保護法」という法律があり、国を挙げて障害者を差別する施策を推進していました。なかでも兵庫県は悲惨な状況でした。当時の兵庫県知事が自ら音頭を取って「不幸な子どもの生まれない運動」という政策を推し進めていたのです。障害者への不妊手術等の強制や、妊婦の出生前診断を奨励し、羊水検査で障害を持つ可能性が高いとわかったら、生ませないようにする運動でした。

うちの弟も、障害を持って生まれてきたので、両親はそのまま見殺しにするよう医者に言われました。「放置して死んでいくのを待て」と。

——恐ろしい話です。たった50年前の日本で起きていた現実ですからね。

泉　両親は、いったんは承諾してしまったのですが、「やっぱりこの子を死なせることはできない」と思い直し、私が待つ自宅に弟を連れ帰ってきました。「障害が残ったとしても、自分たちで責任を持ちます」と突っぱねたんです。私は両親から「お前は将来、親が死んだら弟の世話をせえ。そのために二人分稼げ」と言われて育ちました。両親の言う通り、二人分稼がないと弟と生きていけないし、両親を楽させたいという思いも幼心に強かった。だからこそ、自分が勉強を頑張らないと、と思いました。

助けるどころか、障害を持って生まれてきた子どもとその家族に鞭打つような施策を、行政が公然と行う。私は幼いながらに「こんなやり方は絶対に間違っている」と強く思いました。うちの両親は、そんな時代にあっても「何も恥ずかしいことはない」と、あえて弟を街に連れ出しました。その後、障害児を持つ家族たちが集う場を明石市内に作り、小学生だった僕も放課後はよく連れて行かれました。

そうすると、昼間に通う学校が嘘っぽく見えてきたんです。障害を持つ子どもたちが本当はたくさんいるのに、あたかもそういう子が存在しないかのようにして成り立っている〝普通〟の学校に対して、強烈な違和感を抱いた。

うちの弟は、小学校に入る前に立ち上がって、よちよち歩きではありますが、歩けるようになりました。家族みんなで「小学校入学に間に合った」と喜び合いました。ところが、当時の行政は障害を理由に、近くの小学校への弟の入学を認めなかった。「徒歩通学は大変だから、電車とバスで行ける遠くの学校に行け」と言うのです。

誓約書を出すことで弟の入学は認められましたが、私はその理不尽さに憤りました。だからこそ、たった一人でも「例外」を出してはならないと、強く思った。くさい言い方ですが、「冷たい社会を優しい社会に変えたい」と本気で思い、小学5年生の時には明石市長になりたいと考えるようになりました。

世の中何かが間違っている

――小学5年生にして、冷たい社会と闘うことを決めたのですね。泉さんが実施した明石市の施策を見ても、「誰一人見捨てない」という思いが表れています。18歳までの子どもの医療費無料化も「所得制限なし」という部分に政治理念を感じます。支援を受ける権利を持つのは親ではなく子どもであるという立場を徹底すれば、親の所得に関係なく全ての子どもが無料で医療を受けることが当然であるという社会をつくらなければならない。どんな例外も認めず「99%ではダメだ、100%を目指す」という強い信念が伝わってきます。

それにしても、10歳から明石市長を目指していたとはすごい。

泉　はい。冷たいまち・明石を優しくするのが自分の使命だと思い、そのために生きていこうと心に決めたのです。東大受験のための勉強中に眠くなっても、「今、寝てしまったら救える人も救えなくなる」と本気で考えてました。自分には使命があり、その使命を果たすためには「受験ぐらい通らなあかん」と。

うちの場合は、障害を持って生まれた弟が、途中から立ち上がり、自分の足で歩けるようになった。それから、両親の頑張りによって、苦しかった生活もなんとか持ち直してきました。そうなってくると、自分の家はたまたま好転したけど、そうなってない家庭もたくさんあるだろうと考えるようになりました。

繰り返しになりますが、幼い頃から「今の社会でいい」とは思えず、「社会というか世の中というか、何かが間違っている」と漠然と感じていました。具体的な誰かではなく、社会のあり方そのものが根本的に間違っているんだろうと。

何とかして社会そのものを変えたいと思った。これが私の原点です。だからこそ、変える「フリ」ではなく、本当に変えたいと思った。

子どもの貧困問題で言えば、実際に子どもが満足に食べられるようにするのが政治家の仕事であって、「子どもが貧困です」と叫ぶのが仕事ではない。具体的に問題を解決して、子どもを笑顔に変えるところまでが政治家、そして市長の仕事だと考えています。

――私が朝日新聞政治部に着任したのは1999年ですが、当時は泉さんと同じように、子どものころに感じた理不尽が原点だという政治家が、自民党にも野党にも多かった。これはジャーナリストも同様で、私も母子家庭で育ち、高校から奨学金で通っていましたし、世の中の理不尽を強く感じながら育ちました。もちろん、現実の壁にぶつかったり権力闘争に巻き込まれたりして、歪んでいってしまう人が多いわけですが、スタートラインで「いまの世の中どこかおかしいよ」と感じている人がかなりいた。

でも、あれから時が流れ、永田町を見渡すと、二世・三世議員ばかりが目につくようになりました。世襲議員じゃなくてもエリート官僚出身だったり。恵まれた家庭で育ち、良い大学を出た学歴エリートばかり。与党も野党もいわゆる「上級国民」と言われる人ばかりじゃないですか。今の政治家の多くは、世の理不尽を感じずに政治家になってるんです。

新聞社もまったく同じで、結局はそういう人たちが、政治やメディアを仕切っている。上級国民が上級国民のための政治行政をしている。これが染み込んでしまって、庶民の感覚とはどんどんかけ離れていってしまった。そこに庶民のど真ん中から現れたのが、泉さんだったんじゃないかと感じています。

故郷の明石を誰よりも愛し、誰よりも憎んでいる

――10歳で明石市長になることを決意した泉少年は、やがて東大に入学して故郷・明石を離れます。東大時代はどんな学生だったのですか？

泉　18歳で大学進学と同時に上京し、故郷を離れるんですが、東京でも1日遅れで神戸新聞を取ってました。なぜかというと、神戸新聞の明石版を読むため。私はどこにいようが、ずっと神戸新聞の明石版を読み続けています。それは、世の中の誰よりも明石に詳しくなる必要があったから。おそらく、いまの私は全人類の中で一番明石に詳しいはずです。だからこそ、私は故郷・明石のことを心から憎み、心から愛してるんです。誰よりも明石について知っているからこそ、まだ消えない理不尽に対して、誰よりも強い憎しみを抱いている。

――それは凄い。本当に、明石市長になるために人生を懸けていたのですね。

泉　半端な思いでやってないんです。上海の北に人口750万人ほどの無錫《むしゃく》という市があり、1981年に明石市と姉妹都市提携をしました。1986年、5周年記念を祝う式典が催され、明石市民が無錫に招待された。当時22歳の私は、呼ばれてもないのに勝手にバックパックを背負ってその会場に行きました。そして、式典が開催されたホテルの壁画を見ながら、「次は市長としてここに帰ってきて、この壁画を見る」と心に誓いました。

実際に、それから25年経った２０１１年、姉妹都市30周年の記念式典で明石市の吹奏楽団を引き連れて、市長として無錫に戻ることができました。その時は「25年かかったか」と感慨深いものがありました。

――たくさんの政治家を見てきましたけど、自分の故郷を「心から憎み、心から愛している」と言い切れる人は初めてです。梶山静六さんは、故郷・茨城への愛を「愛郷無限」と言いましたが、「故郷を愛する」と訴える政治家はたくさんいても、「心から憎み、心から愛している」という人はいない。でも、憎しみがあったからこそ、「優しいまちに変えたい」という泉さんの政治家としての原動力が生まれた。これほど一貫した人生を歩んでいる政治家は他にいないかもしれません。

学生時代、学生運動にも参加されていたそうですね？

泉　学生運動のリーダーをやっていて、革マル派とも中核派とも喧嘩してました。中核派に「お前ら、中途半端な爆弾撃ってくんな」とかボロクソ言ってましたね。「どうせ撃つならしっかり狙って撃ってみい」と。我ながら、ホンマに危ない人やったんですよ（笑）。

一応私は、駒場寮（学生寮）の寮費値上げ反対の全学ストライキを決行した最後の実行委員長なんです。結局、負けてしまい責任を取らないといけなくなり、20歳のころ、いったん大学に退学届けを出してるんですけどね。

私が学生だった80年代は、ちょうど、ポーランドでレフ・ワレサが、民主化運動を引っ張っていた時代と重なってまして。ワレサが電気技師として働いていたグダニスク造船所に行ってしまうぐらい心酔してました。ワレサは、1980年に独立自主管理労働組合「連帯」を創設し、既存の社会主義体制を打倒すべく、民主化運動の先頭に立ち、1990年、ついに大統領になる。一人の労働者が一国の制度を変えていく過程を学生時代に見たことで「社会は変えられるんだ」と勇気をもらった。同時期、チェコスロバキアでもヴァーツラフ・ハヴェルらが中心となり、民主化革命が成功しましたし、「民衆の力」というものを教えてもらいました。

翻って日本を見ると、残念ながら民衆・市民・国民が、自分たちの力で社会を変えた成功体験を持っていない。歴史を遡っても、貴族階級や武士階級の中でのクーデター的な政権交代はありましたが、常に「上の」交代にすぎず、民衆が主体となった「下からの」社会変革や革命は起きませんでした。

私は、これはすごく問題だと思っていて、大学生時代から、日本でも民衆の立場で政治を変えていくことが必要だと考えていました。本気で革命を起こしたいと思っていた。自分にできることとしては、生まれ育った明石市の市長として、実際に社会を変えたという成功事例を示したいなと。

そういう私の政治的なスタンスからすると、何党に付くかは問題ではなく、市民とともに進んでいければそれで十分。まあ、様々な既存の政党からしたら面白くないでしょうから、冷たくされることも多いですけど、そんなことはどうだっていい。私にとって、何より大事なのは、市民とともにいることなんです。

——なるほど。現在の政治的状況は、有権者の立場からすると、二大政党政治の行き詰まりというか、二大政党のどちらも選びようがない状況だと思うんです。どっちもどっちで差が見えず、大政翼賛的に与党一色に染まりつつあり、野党が「もうひとつの選択肢」になり得ていない。そういった閉塞感が日本社会を覆い、低い投票率と政治不信に繋がっている。

そんな状況のいまだからこそ、「市民とともに」独自の政策を貫く泉さん、そして明石市に注目が集まっていると感じます。

受理されていなかった東大の退学届け

——学生時代に話を戻します。大学に出した退学届けはどうなったんですか?

泉　いったんは、完全に東京の家を引き払って明石に戻っていました。地元で塾でも開いて生活しなきゃいけない、ぐらいに思っていたんですね。結局、半年後に、当時の東大の学部長から「泉くん、何してる?」と電話がありまして。「自分らは負けたんだから誰かが責任を取らないと。だから退学して地元に戻った」と近況を伝えたところ、「本当にそれは君のやりたいことなのか。そうじゃないなら、君にはまだやるべきことがあるはずだ。みっともなくても恥ずかしくてもいいから、帰ってきなさい」と言われ、復学することになりました。結局、退学届けは受理されてなかったんです。

涙を流しながら東京に戻り、卒業後NHKに入りました。その後、テレビ朝日に移り『朝まで生テレビ』の草創期を番組スタッフとして担当し、その後、石井紘基さんの本を読んで感動しまして。石井さんを国会に送り込むために、石井さんの近所に引っ越して秘書として選挙を応援しました。ところが、選挙で負けてしまい、石井さんに謝りました。「私はあなたを(選挙で)通したかったけど、ダメでした。次こそ通しますから頑張りましょう」と。そしたら、「これ以上、君を引っ張りまわすわけにはいかない。騙されたと思って、まず弁護士になりなさい。君はいつか政治家になる。でも急いではいけない」と強く言われ、司法試験を受け弁護士になったのです。

若くして立候補した政治家をたくさん見てきた石井さんは、「まずはちゃんと世の中を知るべきだ」とお考えだったんです。「弁護士として本当に困っている人を助けることで勉強しなさい」と。「いずれ政治家になった時に、弁護士としての経験が必ず生きてくる」というアドバイスだったのです。

1997年、33歳の時に弁護士資格を取得して、明石市に戻り、市民活動のお手伝いなどに奔走しました。2000年4月に法律事務所を開業した時には、市民の方々からたくさんの胡蝶蘭が送られてきました。その時、すでに明石の一定の方々からは、「あの泉がついに明石のために帰ってきた」と認識されていたんですね。まあ、私の場合、子どもの頃から「どうかしてる奴」として有名でしたから（笑）。

なぜ一度国会議員になったのか

——明石市民からしたら、「どうかしてる泉が、とうとう明石市長になるために帰ってきた」ということですね（笑）。ところが、故郷に戻ってすんなりと市長選に出たわけではありません。2003年の衆院選に民主党から立候補して、国会議員になっています。これは、どういう流れだったのですか？

泉　実は2003年の、私が40歳で迎える市長選に焦点を合わせて、そこから逆算して行動していたのですが、計算が外れてしまった。その前年には、実際に立候補しかけたんですけどね。当時の市長選には、親子二代で選挙に強い候補者が名乗り出ました。彼は当時、民主党系だったから、無所属の私が手を上げようとした時に、自民党とＮＰＯ関係者が私を担ごうと近付いてきた。

私は一貫して、市長選挙に出るときは完全無所属で出馬すると決めていたのでお断りしました。ＮＰＯと言っても、結局は既得権益層だったりしますから、彼らの応援すらもいらないと考えていた。普通の市民とともに闘うことに意味があると、最初から考えていたんです。

でも、当時はどうあがいても勝ちきれない情勢が明らかになり、やむなく手を下げた。まだまだ自分は無力だと痛感しましたよ。それで市長選を見送り、意気消沈していたところに国政への出馬要請があったのです。暗殺された石井さんの遺志を継ぐよう仲間から強く言われたこともあり、「それだったらいったん国政にいこう」と考え、２００３年に兵庫２区から民主党公認という形で出馬したというわけです。

あの時は、いわゆる落下傘候補で明石の隣の神戸市から出ることになったので、神戸市にも明石市にも後ろめたい気持ちがありました。「必ず明石市長として戻ってくるから」と心に誓い、再び東京に行くことになりました。

国会議員になると、得られる情報が増えます。国会図書館や官僚を活用しまくって、明石市長になったらやるべきことの整理を始めました。フランスの少子化対策なんかもその頃に勉強して、市長になったら参考にしようと決めていた。

10歳から明石市長になることに懸けてましたから、カッコつけた言い方をすると「なり方」にもこだわりたかった。市民だけを味方にして勝たないと、私にとっては意味がなかったんですね。中途半端に既得権益に担がれたら、結局、何の改革もできないまま任期を終えることになります。それだけは避けたかったのです。

市民だけを味方に闘った市長選挙

わずか69票差　奇跡の当選

――2022年7月、岸本聡子さんが187票差で競り勝って杉並区長に就任しました。奇跡の勝利と言ってもいいと思うのですが、12年前に明石市長に初当選したときの泉さんはもっと僅差だったんですよね?

泉　わずか69票差でした。人口30万の明石市で有権者の0・03%程度の誤差の範囲。統一地方選挙で一騎打ちだったんですけど、最初の開票結果は75票差で私の勝利だったんです。でも、相手陣営から文句が出て、数え直すことになり、私に入っていた6票が無効と判定されて、69票差に。

――危なかったですね。まさにギリギリの戦い。

泉　最後の最後まで票を数えてました。あの時の統一地方選挙で、最後に出た当選確実が私でした。

――長年、政治記者をやってきて思うのですが、最初に権力を獲る時の「なり方」が、政治家にとって極めて重要なファクターになる。なので、泉房穂という政治家を語る上で、12年前にこだわりたい。あの2011年4月の明石市長選には、どういう経緯で出馬することになったんですか？

泉　あの時は前任者が出馬しないことになり、兵庫県知事の知事室長だった県民局長が自民党・民主党・公明党に担がれ、兵庫県知事が中心になって彼を支援した。彼は、明石市内で有名な明石高校の卒業生で同窓会が応援していたし、大学も地元の関大（関西大学）。まあ、全てが揃っていて盤石の状態だと思われていた。

でも、「市民の応援だけを味方につけて市長になる」と決めていた私には、むしろ好都合だった。全政党、業界団体も全て、対立候補の応援に回ったので、私からしたら「これ以上、闘う舞台が整った選挙もないな」と、その状況が固まりきってから出馬を表明しました。自分としては願ってもないチャンスだと思っていたのですが、当時の記者クラブの記者たちは驚きを通り越して呆れてました。

――他に候補者が出てくる気配すらなかったわけですね。そこに、誰からも担がれてない泉さんが突然登場した。それは驚きますよ（笑）。

泉　忘れもしませんが、2月26日に出馬表明の記者会見をした時、「泉さん、相手候補は盤石の支持基盤を持ってます。あなたに支持基盤はありますか？」と聞かれ、「市民です」と即答したら笑われました。「そんなんで勝てる見込みがあるんですか？」とまで言われた。「いや、勝てますよ。市民のほうが多いですから」って言ったんです。

どこの政党の幹部とか地元企業の偉いさんとか有名校のＯＢなんかより、名前も知られていない普通の庶民のほうが圧倒的に多いんです。なぜ、政党や業界の支持がないと勝てないと考えるのか、不思議で仕方がない。市民の応援だけで勝てるし、そうすることに意味があるんですから。むしろ、そういう形で勝たないと、市民に申し訳ない。

「明石のまちのために、私が勝つ必要があるんだ」

と言ったら会場がしらーっとしてしまって、新聞に「泡沫候補が何を息巻いてるんだ」みたいに書かれました。

――誰の目にも明らかな劣勢をひっくり返して、明石市長になった。

泉　あ、ここは強調しておきたいんですけど、決して「ひっくり返した」わけではないんです。

――それは、もともと市民のほうが多い、という意味？

泉　はい。そこを、みんな勘違いしている。市民のために頑張ると言ってる人と、一部の人のために頑張ると言ってる人。普通に街の人に聞いたら、自分たちのために頑張るほうを応援する人が多いに決まっている。だけど、新聞やテレビが、もう勝敗は確定しているかのような報道をするから、みんなが諦める。だから、その思い込みにもとづいた結果が出てしまう。それで「あーあ、やっぱり」となるんだけど、その根本にあるのは単なる思い込みだし、勘違いなんです。

私の場合は、出馬した瞬間に「勝てる」と確信しました。だけど、途中から先方も巻き返しを図り、票を固められていって追い上げられた。みんながみんな投票に行くわけではないですからね。市民全員が強制的に投票させられるような制度だったら、間違いなく私が勝てるんですけど、結局、お付き合いがあったり、誰かに頼まれてる人のほうが一生懸命投票に行くから。まちの空気感は70対30くらいで私が優勢でしたが、私たちの側で投票に行くのは4割ほど、一方相手方は9割近くが行かされる状況になりました。支持層×投票予測を比べると28対27、僅差が見込まれていたんです。それで最後には69票差まで追いつかれて、ギリギリのところで勝った、というのが実際のところです。

――なんと、ひっくり返したのではなく、逆に最後に追いつかれたと、泉さんは感じていた。当時の投票率はどのくらいですか？

泉　まあ、5割くらいです（47・64％）。選挙をするたびに不思議に感じるのですが、「自民党や与党が固まったら決まり」とか、それ単なる思い込みですよ。そんなことで決まるわけない。でも、対抗馬の候補者も「だったら公明党の票がほしい」とか言い出すんですよね。「そっちじゃないだろ！」と。

必要なのは有権者である市民の共感だし、有権者からの期待でしょう。なぜ、一部にすぎない有力者に媚びを売ることばかり考えるのか。

――泉さんの言うことは正論です。いっぽうで、有権者である市民になかなか声が届かないという現実もある。だから、そういう候補者は、大きな組織に太刀打ちできずに負けてしまうことが多い。投票率5割だと、普通の候補者がまともに戦ったらやはり厳しい。

最初の選挙で、圧倒的マジョリティである庶民・市民に声を届けるために、何か工夫されたことはありましたか？

泉　「市民vs.オール与党（古い政治）」というわかりやすい構図になったことが大きかったのかな。私のキャッチコピーは、「私たちの代表を市長に」とか「明石市民推薦」とか、「市民とともにある」という部分を押し出しました。選挙演説でも、「皆さん」とは言わず「私たち」と言います。私がここにいて、市民が向こうにいるわけではありませんからね。私も市民の中にいるわけですから、選挙の時だって「私たちの戦い」になるし、「私たちで頑張って明石市を変えよう」となるわけです。「皆さん」なんていいない。

むしろ、既得権益の方々が向こう側にいる「彼ら」ということになります。当時喋ってたことは、「私たちの明石を私たちの手に取り戻そう」とか、「私たちの社会を諦めてはいけない」とか、「これから子どもの時代が来る。子どもに優しいまちにすれば経済が回って高齢者にも還元される」とか。言ってることは今と全く同じです。

暴言辞職、そして出直し選挙

議会・職員・マスコミからの総攻撃

——市民を味方につけて、10歳の時から目指していた市長に就任した後、泉さんからすれば「オール野党」の市役所・市議会に乗り込んでいくことになりました。市長としての闘いについては後の章で詳しくお聞きすることにして、ここでは2019年の一度目の暴言騒動について聞かせてもらいたい。

やっぱり役所や議会で孤立していながら、市長として改革を進めようとする中で、ハレーションが生じた結果の暴言ですか?

泉　いや、実際はあれ(一度目の暴言騒動)より早くに臨界点を迎えていました。議会や役所の反発は、半端じゃなかった。就任2年目の2012年秋には、もう市長の仕事をこれ以上続けるのは無理かなって感じでしたからね。議会からも役所からも、総攻撃を受けている状況で、おまけにマスコミのネガティブ・キャンペーンも始まって、「もう無理だ」と一度はあきらめかけたくらいです。

私は2年目で挫折しかけたんです。もう逃げ出したかった。

――あ、そんなに早い段階で、心が折れかけてたんですか。何か原因となる出来事があったのですか？

泉　ええ。これは言わんでもいいかもしれないのですが……結局、私がマスコミを切ってしまったんです。簡単に言うと、地元紙や、その関連のテレビ局やグループ企業などに、市民の税金が流れていたわけですよ。「税金で番組買わなくても、普通に報じてもらえばええやないか」と私は思ったんですけど、そういうお付き合いが慣習になっていたわけです。市役所でも、やたら神戸新聞ばっかり購読しまくってましたしね。

ぶっちゃけた話、兵庫県内の多くの自治体では、いまだに地元新聞やそのグループに上手にお金を渡している。大阪維新の会などもマスコミとウィンウィンで付き合ってますしね。

そういった関係をやめて、「もう普通にしようよ」ということだったんですけど、それが色んな人の逆鱗に触れ、マスコミの幹部からも怒りの電話が来ました。

私の場合、1年目から人事にも予算にも手を出して役所で総スカンを食らってましたし、これでマスコミも怒らせてしまったから、もう大変な騒ぎでした。当然、市役所職員は私のことを目の敵にしてるから、ないことないことリークし始めるし。

――たとえば、どんなことを？

泉　市長就任1年目に、専門性の高い職員を採用しようという狙いで、弁護士職員を公募したんです。でも、職員の一部からすると、自分の隣に弁護士が来て監視されるのは耐え難いと思ったんでしょうね。とにかく弁護士の採用を阻止するために、「泉は弁護士だから弁護士会に媚を売ってる」とか裏で流されて、マスコミにネガティブ・キャンペーンを張られました。

しんどかったけど、そこは何とか踏みとどまり、3年目ぐらいから子ども医療費無償化など徐々にやりたいことが形になってきて、それが市民の一部に届いて、応援してもらえるようになった。だからこそ、「もう少し頑張ろう」と思えた。

この12年間を総括すると、マスコミは常に私に冷たいです。市の職員には、一定程度理解してもらえましたけど、OBも含めて上の方々は私に憎しみを持ってる方が多い。とくに技術系の人事を私が触ったせいで、部長になれなかった人もいますので。そういった技術系に近い業界団体からも嫌われています。「あいつのせいで、公共事業が削減された」と恨んでいるわけです。議員たちも「あれもこれも、市長が勝手に決めやがって」と、怒りは強まる一方かな。

嘘じゃなく、この12年間、本当に市民だけが私の味方でした。あの時も市民の応援がなければ、とてもじゃないけど持ち堪えられなかった。市民が応援してくれたから、一連の子育て支援策を形にすることができたんです。

――そうは言っても、市長として正しい施策を進めていく中で、信頼が生まれてくる部分もあると思うんですよ。二期目の選挙で、議会や一部の市役所職員が泉派として応援してくれることはなかった？ 発言をずっと録音されていた

泉 それはない。一期目も二期目も、選挙で私のことを本気で応援してくれた議員さんは、一人だけでした。

本当に私の支持基盤は市民だけなんです。議会や役所でいくら孤立しても、市民との距離感の近さは半端じゃないですよ。明石市民が街で私を見つけると、必ず「マスコミに負けないで」って声をかけにくる。不思議なもんで、みんなから「負けないで」と言われます（笑）。市民は、私がマスコミにイジメられてるのをわかってくれてるんですよね。初めて会う方にいきなり「私たち、わかってるから」と言われることが多くて、「頑張って」と言われることは意外と少ない。それが、私の市長としての立場を象徴しているかもしれません。

――なるほど。それほどの市民からの応援があっても、一度は辞職する原因となった暴言

騒動について、ざっと経緯を振り返ります。

問題が発覚したのが2019年1月。明石駅南東の道路拡幅工事を巡って、立ち退き交渉をしていた市の職員に泉さんが「火をつけて捕まってこい。燃やしてしまえ」などと暴言を浴びせる音声が出回ります。明石駅前交差点を改修し国道2号の約20メートルの区間を拡幅するという事業で、市は2012年ごろから国の委託を受けて土地の買収を始めていました。泉さんは、土地の買収に応じない地権者の建物を「燃やしてしまえ」と部下を叱責したわけです。

この問題を受けて、泉さんは辞職するのですが、市民からの強い再出馬要請を受け、3月の出直し選挙に出馬し圧勝しました。

発言自体はひどいし、相手は部下ですからパワハラ以外の何物でもない。でも注意しないといけないのは、この会話自体は2017年6月のものです。泉さんの発言は、役所でずっと隠し録りされていたのでしょうか。

泉　ええ。私を失脚させるために、一度目の選挙の直後から一部が録り続けていたようです。当時は気付きませんでしたけど、彼らによって裏で私の暴言集まで作られていた。

あれは役所の中の技術系のトップに対する発言なんですが、別に彼のことを嫌っていたとか、そんな気持ちは微塵もなかった。むしろ一番近しい人でしたし。

――録音したのは、その技術系のトップの方？

泉　それはわからない。はっきりしたことは。

――日常的に録っておいて、それをぶつけるタイミングを窺《うかが》っていたということ？

泉　それ以外でも、録音された会話の音声がちょくちょく流出してるんです。たとえば、私が市長になった1年目に、前年に決まっていた明石駅前ビルの再開発計画を変更して、ビル内に図書館と子ども施設を入れたことがありました。その時に、建設業者に言ったことも録られて流出した。だから、録音は1年目からやられているんです。

――普通は、一回痛い目に遭うと気をつけるものですが、泉さんは全然気にしなかった？

泉　う〜ん、そう言われると……。たとえば、駅前の再開発の件は、俗に言う「利権再開発」なんですよ。完全に出来レースで、入札で勝つ建設業者も決まっていた。

自分としては、利権にメスを入れるというほどのつもりはなく、駅前を良くしたかったので、建設業者を呼んで「(ビルの)中身を入れ替えてくれ」とお願いしたら断られた。それで「私の方針に従わないなら、計画は全面中止、これまでの努力は全てパーや。その代わり、市民から要望の強い図書館と子どもの施設を入れてくれたら続けさせる」と2択を迫った。そこまで言って、やっと私の方針に従わせることができた。たしかに荒っぽいやり方でしたが、それくらいしないと業者は従いませんから。

政治は結果がすべて

――多くの政治家はスキャンダルや批判を極度に恐れます。泉さんのように「テープに録られてようが市民のために闘う」と捨て身に徹し切れる人は極めて珍しい。市民にとって必要不可欠な政治を本当に実行していたら、暴言やスキャンダルが報道されたとしても、「負けないで」「このまま終わっちゃ困る」という声が市民から湧き出てくるはずなんですよ。

少々ディフェンスが甘くても、「それでも、他の凡庸な市長に戻ってしまったらまた同じこと。まちを変えてくれるのは泉さんしかいないんだ」という強い支持を集めていたら、逆風をはね返すことができる。

泉さんが出直し市長選で圧勝したことは、自らの身を守ることを優先して既得権との激突を避ける風潮が広がる今の日本社会に、とても大事なことを教えてくれる気がします。政治家にとって一番大事なことは、「クリーンでフェアに見せる」ことなんかじゃなく、何かを成し遂げるために闘うこと。そこを市民はしっかり見てるんだけど、政治家が自己保身に走り、反撃されることを恐れて無難に収めようとすることが多い。不退転の決意で闘い、実現してみせる政治家がいないことに、政治不信の原因があるような気がします。

泉　「政治は結果」というのが私の政治哲学です。マスコミの取材も色々受けますけど、私としては一番わかってくれてるのは、やっぱり市民。なぜかというと、市民は実際に明石市で暮らしてるから。生活してるからこそ、リアリティを持って政治を見ているし、明石市が実際に変わったことを体感している。

そういった方が私に対して、「生まれて初めて、明石市民であることに胸を張れるようになった」と言ってくれるんです。これまでは「神戸の隣」とか言ってたのが、「明石市に住んでる」と自慢できるようになったと。市長として、これ以上嬉しいことはない。

市民は私のダメな部分も知っているけど、市民だけを向いて政治をしていることにブレがないから、市民だけは私を応援してくれるんです。

――マスコミは何かを変えようとする挑戦者の粗探しをして、足を引っ張ります。どんな目標を掲げて何を実現したかを評価する「加点主義」よりも、失敗や混乱を責め立てる「減点主義」が根強い。だから政治家も摩擦を避けて無難な行政運営に徹したほうが得だと考えてしまう。政治家が何を目指し、それを成し遂げるために何をしているのかを客観公正に評価する政治報道が少ないことが「政治の減点主義化」を生んでいる。

でも泉さんの出直し選挙では、市民から「完璧な人間なんていないから（泉市長を）許したろう」という言葉が出た。出直し選挙での圧勝によって、「政治家とは何か」という問いに対する一つの答えが明確に示されました。そこには大きな意義がある。

泉　政治家がどっちを向いているのか。市民は実は、すごく冷静に見ています。

初めて明かす「政治家引退」の真相

議員相手にパワハラが成立するのか？

——今回、またしても泉さんの暴言騒動が起きて、結果的に泉さんは政治家引退を表明されました。

まず、明石市議会で泉さんへの問責決議案が持ち上がっていた。コロナ禍の2021年8月、困窮する飲食店などを支えるため、全市民へのサポート利用券の配布を巡って、泉さんと議会が対立し、結果的に市長が持つ「専決処分」という権限を行使する形で事業を断行しました。

これが「議会軽視」「独裁的」と批判されて、問責決議案に繋がっていった。そんな中、2022年10月8日、泉さんの母校である明石市立二見小学校で、創立150周年の記念式典に同席していた議員らに対して、「問責なんか出しやがって」「お前ら議員みんな（選挙で）落としてやる」と暴言を吐いたと。

私は、今回は前回の暴言とは全く違うと思います。私のように、ずっと政治記者として永田町の権力闘争を見てきた人間からすると、この発言が暴言と報じられたことに衝撃を受けました。だって、相手は市議会の議長と市議会議員でしょ。その相手に対して「落としてやる」と脅すなんて、永田町では日常茶飯事ですよ。政治家同士の権力闘争ですから。

一度目は、泉市長が人事権を握る完全なる部下、役所職員に対する発言ですから、あれはパワハラと言われても仕方ない。でも、今回の相手は政治家ですからね。

泉　実は、あまりお好きじゃないと思うのですが、あの騒ぎのすぐ後に司法修習生時代の同期である橋下徹くんから電話があって、同じようなことを言われました。一度目は、トップが部下に対して脅したわけだからどんな事情があろうがアウト。だけど今回の相手は議員だから、パワハラには当たらない、と。

——全く同意見だ（笑）。私は朝日新聞政治部でデスクを務めている時に、マスコミ各社の政治部記者としてはおそらく最初に橋下さんにインタビューしました。意見が合わないところも多いですが、既成概念にとらわれず、従来の政治文化に切り込む姿勢は高く評価しています。橋下徹的感覚でいうと、「職員に言っちゃダメだけど、政治家同士のケンカなんて当たり前」というところでしょう。彼も既得権をぶっ壊すため、政治家との権力闘争を本気で繰り広げてきたわけですから。

私は泉さんの暴言のニュースを知った当初、「反対勢力の罠にはめられてしまったな」と思いました。しかし、泉さんがすぐに政治家を引退すると表明したのを見て「はめられたのではなく、売られたケンカを逆利用して局面転換を図ったな」と思い直しました。そこのところはいかがですか？

泉 「冷たい社会を何とかしたい」という思いで市長を続けてきて、憎まれ嫌われてもいいから、託された期間内で明石市という成功事例を作りたかった。そういう意味では、生き急いだ部分は否めません。抵抗する勢力との闘争もいよいよ煮詰まってきて、これ以上はいろいろな局面を変えられないかなと、感じ始めていたのです。

ツイッターを始めた本当の理由

泉 「それでも」と思って頑張って、２０２１年12月21日に悲願だった「旧優生保護法被害者等の尊厳回復及び支援に関する条例」を通すことができた。自治体としては全国で初めて、優生保護法のもとで障害などを理由に不妊や中絶の手術を強いられた市民、その配偶者にそれぞれ300万円を支給する条例で、本会議で可決された時には涙が出ました。

市民が立ち上がり、優生保護法に関する条例までもが、議会をひっくり返して通すことができた。「ついにここまで来た」と思いました。11年かけて「優しい社会を明石から始める」ということは、一定程度実現することができた。「明石はここまで来た。私がいなくなってももう大丈夫だ」と思うとともに、「これ以上できるか」と自問したら、正直しんどいとも思いました。「これ以上のことを成し遂げるのは難しいだろう」と。だからこそ、「優しい社会を明石から他の自治体に広げていく」という方向にシフトチェンジしたかった。

黙っててもマスコミは報道してくれないので、ツイッターという手段を使って自ら発信していこうと決めました。それで、条例が可決されたその日にツイッターを始めたんです。ツイッターなんか始めたら敵が増えるのは目に見えてますから、普通に考えればやらないほうがいいんです。

逆に言えば、ツイッターを始めた時すでに、これからやるべきことは明石の取り組みを全国に広げて、国を変えていくことだと感じていました。3期12年で、市長という職にどう区切りをつけるかを考え始めていたんです。

市民がそれを許してくれないだろうな、とは思っていました。だって、スーパーにいても子連れのお母さんが走ってきて「この子が大きくなるまで市長やってください」って言うんですよ。そういう市民の気持ちも重々承知してましたから、「簡単には辞められへん」と思ってたんです。

――なるほど、それであの時期に突然ツイッターを始めたんですね。ちょうど「辞め方」を模索していたから、あの騒動でスパッと辞める決断ができた。

泉　私の場合、ネット・出版メディアは褒めてくれるんですけど、大手新聞や大手テレビ局はみな叩くという構図になってるんですよね。マスコミとの戦いは勝てない戦いですから、まともに反論せずうまく身をかわさないといけないのですが、そんな状況で市長を続けて、ボロボロに消耗していくことがいいことなのか。今年60歳になる中で、どう場面転換を図るかを考えていたのは事実です。

――あまりにあっさりと政治家引退を表明されて、最初はびっくりしてポカンとしてしまいました。でも、政治家の立ち回り方として、これは見事。権力の使い方として一番強いのは「辞める」ことなんです。その「辞める」というカードをどう切るかが、権力者や政治家にとって非常に重要なところ。潔いまでの辞めっぷりを見せることで、泉さんは状況を打開するとともに政治的な影響力を広げたわけです。

泉　私ね。やたら辞めてるんですよ（笑）。だって、東大入ってんのに、ホンマに退学届け出してますからね。「東大ぐらい辞めてやる」と思ったから、簡単に辞めれるんです。NHKだって、テレ朝だって、スパーンと辞めてるしね。

2003年に国会議員になりましたが、2005年の衆院選で負けてしまった。あの時は僅差だったので、すぐに民主党から公認内定のオファーがありました。月60万円の活動費が出るという内容でしたけどね。「そんなもん要らん」て言うたら、民主党の人にびっくりされてね。小沢一郎さんからも電話がかかってきて「黙ってじっとしてたら、次の選挙で通るから居てくれ」と言われたんですけど、「自分は市長になるから」と言って断った。

我ながら、辞め方は年季入ってますよ。そら、綺麗に辞めますよ（笑）。

――ははは。

どうボロボロになっても這い上がる自信がある

泉　それとね。私、四字熟語でいちばん好きなのが「四面楚歌」。四面を敵に囲まれてしまっても、まだ空と地下が残ってる。そういう状況、ホンマに好き。「まだまだ行けるとこあるぞ」と、体中からエネルギーが湧いてくる。よく、人間の細胞で、ふだん実際に使われてる部分はごく一部って言われるじゃないですか。四面楚歌に追い込まれると、ぐわーっと力が湧いてくる気がする。生存本能が目覚めると言ったらいいのかな。アドレナリンが出るというか、一種の快感なんです。

4年前の暴言の時も今回も、危機的局面になるとパワーが出てきて、逆に冴える。今回だったら、政治家引退とかね。ポーンと頭に浮かんできた。

——四面楚歌になって、四方から風圧を受けて、真上に飛び上がったんだ（笑）。

泉　逆境が好きなのは、「どうボロボロになったって必ずまた這い上がってくる」という絶対的な自信があるからです。「元々地獄で暮らしてたもん」みたいな部分が強さになってるんですよね。地獄に友達多いしね（笑）。天国でばかり暮らしてる連中は、極度に地獄を怖れるけど、私にとって地獄は馴染みの場所なんです。別に怖くもなんともない。

——泉さんを見ていると、物凄く熱い部分も持ってるんだけど、「戦っても不毛な戦いになるなら、先手打って辞めて新しい局面を作ろう」という非常にクレバーな政治的判断が同居している。そこが、政治家として非凡な部分かなと思います。

泉　ご承知のように、私はすぐカッとなりますし、人間として出来てない部分はたくさんある。でも、ある意味ではすごく冷めてるんです。

残念ながら人を根本的に変えることはできないじゃないですか。だから、議会だって根本から変えることはできない。マスコミを変えることも、私の力では無理。そこで消耗戦に突入するよりは、場面転換を図ったほうが得策だというシンプルな判断です。

マスコミも、辞めていく人間に対しては叩きにくくなりますし、「任期満了までやりきります」と言うと議会としても賛成せざるを得なくなってくる。

――こうなってくると、政治家の処世術を超えた、人生の知恵ですね。

「明石市の未来」への責任

なぜ後継候補を立てたのか

――泉さんは市長選の後継候補に丸谷聡子《まるたにさとこ》市議を指名し、市議会議員選挙でも新市長支持派が過半数を占めるように奔走しました。

これまで孤立したまま議会で闘ってこられた泉さんが、過半数確保のために動いたのはなぜですか？

泉　これは私の反省点なのですが、引退表明直後に市民からお怒りの声が届きました。「辞めてもらっては困ります」という手紙が400通以上来ました。「去年、ローンを組んで明石に来ました。いま、あなたに市長を辞められたら生活していけません」とか。駅前では市民に囲まれて、「どうすんの？」「見捨てる気？」と言われましてね。

いくら、私が「もう明石市は大丈夫」と言ったところで、生活がかかってる市民は不安なんです。そこで初めて「継続への責任」を意識しました。私がいなくなっても、市民が大丈夫なところまで持っていく責任があると。私の後にバトンを繋ぐために、後を任せられる後継者と市議会過半数は取っておかないと、辞めるに辞められなかったんです。

私は半端じゃなくメンタル強いんです。どんなに叩かれても、「なるほど、そうやって叩いてくるのか」と思うだけで痛くない。でも、普通の市長だったら、議会の過半数に応援してもらえないと、しんどいですよ。

自民党も公明党も、子どもを重視した施策は続けると言ってますから、仮に新市長が議会の少数派になっても、これまでの明石市の方針が大転換することはないでしょう。「(方針は) 変わりません」ということを、彼らに言わせてるんですけどね。「継続か逆行か」の2択を迫ってるフリをしながら、相手に「泉市政を継続します」と言わせている。「逆行」と公言すれば彼らの立場も危うくなり選挙も通りませんからね。そうやっておけば、万が一のときでも、明石市の子ども施策は続くんです。

――どう転んでも市民が痛い目に遭わないように、保険をかけて去った。

泉　とはいえ、政治は誰がやっても同じではありません。しっかりと今の「市民目線」を継続できるよう、心ある人にタスキを繋ぐのが、市長である私の「市民への責任」です。

後継に指名した丸谷さんは、幼い頃に父が病死、働きづくめの母が倒れて入院したときは、妹と2人きりのヤングケアラーでした。大学進学を諦め就職した後に、お金を貯めて働きながら夜間の短大に通い、45歳で大学院に入学しています。並大抵ではない努力を重ねてきた苦労人なんです。だからこそ、弱い立場の人や困りごとに気づくことができる。

おまけに剛腕で突破を図りがちな私と違い、ケンカせず柔軟に現実対応ができる。3年前、公設民営のフリースクール設置のときには、市議でありながらイベントでは裏方に徹し、市民と一緒に実現に向けて真摯に取り組んでいたんですよ。自分の評価より「市民のため」を優先する姿勢に、重なる思いを感じていました。

市議であろうと市長であろうと、目ざすところに変わりはありません。徹底した市民目線の丸谷さんだからこそ、信頼して後を託すことができたんです。市民の願いも、明石の未来も。

第二章　議会論

かつてのように予算をどう分配するかではなく
選択と集中のフェイズに入っている。
地方議会の役割が変わってきているのに、
昔ながらの発想を変えられない議員が、ハレーションを起こすんです。

議会と闘い続けた12年

一人も味方のいない檻の中

――いかなる政党や団体からも支援を受けず、無所属という立場で選挙を勝ち抜いてきた首長にとって、最初に巨大な壁となって立ちはだかるのが議会と役所。有権者に応援してもらって当選した首長は、そこでいきなり一人も味方のいない檻の中に放り込まれることになります。

泉　その通りです。

――これは改革派・市民派の首長にとって避けては通れない関門で、当選はしたけれど、手練手管を尽くして近付いてくる猛獣だらけの議会や役所に取り込まれてしまい、とくに目立った実績も残せず任期を終えてしまう、という首長も実際山ほどいます。

ここのところは、なかなか一般の人が理解しにくいところで、「市長なんだから何でもできるじゃないか」と思うかもしれませんが、予算案だって条例だって、全て議会の承認がなければ通らない。つまり、議会という難敵をどういなすかが、その首長が公約で掲げた政策を実行に移せるか、改革を断行できるかどうかの最大のポイントになってくる。

本章では、泉さんの宿敵でもあった議会について、じっくり聞かせてもらいます。

泉　就任した当初は市議会のリアルに愕然としました。「こういう世界がホンマにあるんか」と。予想はしていたけれど、予想をはるかに上回る理不尽さ、不合理さでした。議会には、よくわからない暗黙のルールがたくさんある。さすがの私も最初は面食らいました。

市長が任命する監査委員だって、明石市では議会が勝手に決めている状況でした。ビックリして「なんで市長に人事権があるのに、議会が勝手に決めるの?」と聞くと、「長年の慣習です」だって。就任1週間くらいで、いきなり蹴ってやりましたよ。「そんなのおかしい」「私が決めることやから」と言って。

さすがに初っ端だったので、すぐに手打ちはしましたけど、それ以降はなぜその人物を任命したのか理由を書かせることにしました。その人が監査委員に適任か確認させてもらって、適任だと判断した上で私が決める。議会が言ったから従うのではなくて、理由があって市長が選んだ形に変更しました。

それから、議会や役所と市長のパイプ役になるのが副市長なんです。副市長が、何度も私のところに相談に来るわけですが、ぶっちゃけ、「口利き」とか「忖度《そんたく》」に関する報告も結構ありました。

私は初期段階では頑なに拒んでいたんですけど、議会が反対ばかりで持たなくなってくると、応じるケースも正直言ってありました。

ただ、たとえば2択の選択肢があって、「こちらに決めてください」という働きかけがあった場合、「逆転させるのだけはやめてくれ」と、そこは強くお願いした。同じ点数で横並びのときに、どちらでも変わらない状況であれば、そこはセーフだけど。明らかに劣勢のほうを、忖度によって選ぶことだけはやめてくれと。市民への裏切り行為になるようなことだけはやめてくれと、そこは口酸っぱく言いました。

まあ、市議会ってそういうところなんです。あまり、世の中の人に知られてない部分だと思いますけどね。

口利きをしてカネをもらう市議会議員

――この時代でも、地方の市議会ってそんな感じですか。口利きってどういうこと？

泉　「議員の知り合いを役所で雇ってくれ」とか、「この業者を使ってくれ」とか、そういうお願いです。

――ずいぶん直球でくるんですね（笑）。

泉　ぜんぶホンマの話ですからね。明石市役所の場合は、部長決裁でパートを雇えたんですよ。だから、市議会議員にねじ込まれたら、その知り合いを市役所で1年契約で雇う、なんてことも行われていた。

就職先が見つからなかった私の友人だって、県議会議員に金を包んで、会社に就職させてもらってました。信じられないけど、就職先がない人が地元の議員に金を渡したら就職できたんです。その議員が関係している労働組合のコネを使ってね。ただ、ひどい話で、就職したはいいけどすぐに遠くに飛ばされて辞めざるを得なくなった。

うちの身内だって……。子どもを保育所に入れるために市議会議員に金を包んでいる姿を、幼い頃に私は見てますしね。私は、ずっと激怒して「やめろ」言うてたんです。でも、田舎ではみんなそれが当たり前だと勘違いしている。市議会議員に金を包まないと子どもを保育所に入れられない、と思い込んでいるんです。

ある時なんか、「額が少ない」と議員に突き返されたと聞きました。思い出すだけでもホンマ腹立つ。私は子どものころから、そういう古い世界を見て憤っていたわけです。なんで貧乏人が金持ちの市議会議員に金包まんといかんねん！

——泉さんの議会に対する怨念は12年ではなく、50年近く積もり積もっていたわけだ。幼い頃に市議会議員に抱いた理不尽に対する憤りが、10歳から市長になろうという思いになり、今に至っていると。

泉　私が市長になった2011年になっても、まだ市議会議員が口利きしていたから、私がそういう古い慣習を「すべてやめろ」と言った。でも、いくら言ってもやめなかったので、途中からは部長の権限を取り上げて、パートも含めて全て私の決裁にしました。口利きができなくなると、やることがほとんどなくなる議員もいました。

「俺の顔が潰れた」と激怒

——市議会議員は、他にどんなことを泉さんに働きかけてきました？

泉　とある議員なんて、自分の支持者が保険料を滞納した際に、その人に市から滞納請求が届いたと言って激怒してきた。税金を滞納して開き直っている人はいっぱいいますけど、仲のいい市議会議員に頼んだら、保険料やら税金を滞納しても払わないでいい状況が明石市では続いていたのです。議員が市に働きかけて、請求を止めていた。

他にも、市営住宅に住んでいる人が家賃を滞納しても、議員に頼んだら請求されずに放置されていたり。ホンマにびっくりする世界でした。

私が市長になり、議員のメンツなんてお構いなしに滞納請求しまくっていたら、あらゆる方面から激怒されました。「俺の顔が潰れた」言うて。

私は、本当にお金がなくて困ってるのなら別の方法で救済するし、お金があるなら「その人間に払わせろ」と言いました。当たり前の話でしょ。明石市役所には、弁護士職員が10人いて、やっかいごとに関しては訴訟辞さずで臨みましたから、びっくりするぐらい徴収率が上がりました。いまでは市営住宅の家賃滞納もほぼなくなっています。

明石は田舎ですから、都会とはまったく状況が違います。市役所に就職するのに、「市議会議員の口利きがないと入られへん」といまだに思っていたりする。

私が市長になってから、少なくとも私の目が及ぶ範囲では公正にやったけど、裏では何が起きてるかわからない。

もちろん議員の全員とは言いません。しかし残念ながら、そういうことをしていると思われる議員は現に存在するんです。

「市長は直接市民と喋るな！」

――なかなか根深い問題ですねえ。泉さんとしては、現在の市議会、あるいは議員の役割は何だとお考えですか？

泉　残念ながら、日本の地方自治において、議会は機能が低下していると言わざるをえません。あまり問題とされることがありませんけどね。

かつての市民と遠い距離に市長がいた時代や、バラ撒き政策の時代には、議会が機能しやすいこともありました。遠い存在である市長や役所には言いにくいけど、投票してる地元の議員さんを通して市民が要望を伝える。議員がパイプ役を果たしていました。

それが機能したのは、高度経済成長期で地方自治体の予算が右肩上がりの時代です。そんな時代には、予算の分捕り合いになるんですよ。悪い意味ではなくて、行政として気付きにくいことを議員が「大事なテーマがありますよ」と気付かせてくれるケースもありました。つまり、右肩上がりの分配型政治の時には議会は一定の機能を果たしていたし、まだ情報公開が進んでおらず行政がブラックボックスだと思われていた時は、市民が市議会議員を頼ることも多かった。

でも、いまは両方が様変わりしています。まず、ご存知のように行政も相当情報公開が進んでいます。私のように市長意見箱に届いた意見すべてに目を通して直接指示したり、ツイッターで直接市民とやりとりできる時代になってますから、パイプの役割がほぼいらなくなっている。

さらに二つ目として、かつてのように潤沢な予算をどう分配するかではなく、選択と集中のフェイズに入っている。かなり前から、議員が思うように予算を引き出せる状況ではなくなっているわけです。むしろ課題としては逆で、これまで続いてきた行政サービスを、地域にご理解いただいて止めなきゃいけない。「これまであった施設は老朽化したから、もう新しい建物を作らずに潰します」とお願いしなきゃいけないケースが増えている。そうすると議員の仕事は、地域や業界団体に「諦めてください」と説得する方向になります。

地方議会の役割が変わってきているのに、昔ながらの発想を変えられない議員が、ハレーションを起こすわけです。「ワシが言うとんやから予算くれんかい」とか「ワシらがパイプ役やから、市長は直接市民と喋るな」とか。

典型的な例でいうと、私が地域に出向いて市民と懇談会を開くというと、いつも議会は怒るんです。「お前が直接市民と話したら、ワシらの仕事ないがな」と。彼らは、市長に市民と直接接触されると困るんですね。

――ツイッターなどを使って市長が市民と直接対話できる時代になり、双方の距離はぐっ

と近付きました。これまで幅広い市民の声を拾い上げて市長に届ける役割を担ってきた市議会議員たちの存在意義が問われることになったのです。行動力のある市長にとって議員たちは、むしろ市民との直接対話を阻む存在となりました。

市民が議員に求める役割も変わってきています。右肩上がりの時代は自分の地域や業界に予算をぶん取ってきてもらえれば良かったのですが、少子高齢化・人口減時代に入って予算配分の優先づけが重要になり、利益誘導や口利きよりも市民と双方向の対話を重ねて解決策を探る議員が求められています。

泉 この12年間、議会とは衝突しながらも、一定の距離感を保って誤魔化し誤魔化しやってきた感じです。議会を完全に掌握することは不可能だし、だからといって理不尽さに迎合もしたくなかった。

激論！ そもそも議会は必要か

橋下徹くんに言われて反省したこと

——泉さんは政治家引退を表明されてから、４月の統一地方選で議会の多数派を取った上で後継者にバトンを渡そうと奔走しました。それなら、なぜ現役のときに議会の多数派を取るという発想にならなかったのでしょうか？

ここは重要なポイントで、大阪維新の会が地域政党として大阪でカを持てたのは、まず首長のポストを取り、それから府議会と市議会の過半数を押さえたからです。無党派の市長にとっては、議会を掌握することは非常に重要だと思うのですが、そこに着手せずに「市長vs.議会」という状況を放置してきたのはなぜ？

泉　「どうして議会対策をしてこなかったのか？」については、橋下徹くんにも言われました。引退を表明した直後に電話がかかってきてね。もっと早く議会対策しておけばよかったのに、と。

この12年間、がんばってきたけど反省点もいっぱいあります。議会対策は大きな反省の一つ。「市長にさえなれば何とかなる」という思いが強すぎて、議会とは最初から最後まで衝突し続けてしまった。人生をもう一回やり直せるのであれば、最初から議会対策を講じたと思います。議会に対する自分の認識も変化してきていて、だからこそ遅まきながら、議会の問題に取り組み始めたわけです。

とはいえ反論もあって、議会のねじれた状態を放置していた背景には、私が学生時代に学んだジャン＝ジャック・ルソーの影響があります。20歳ぐらいの頃、ルソーの政治哲学をかなり熱心に勉強しました。
「社会契約論」で知られるルソーの思想は、フランス革命に多大なる影響を与えるのですが、民衆や国民が立ち上がって、自分たちのための政府を作るとき、その作り方、政府のあり方には、いろいろな可能性があるとルソーは言っている。日本では二院制の議会とか、議院内閣制が最善だと思い込んでいる人が多いけど、歴史を振り返るとルソーのいう通り、いろいろな可能性があるわけです。議会というのは、その中の一つの知恵にすぎない。

例えば、ロックは間接民主主義を唱え、モンテスキューは権力の集中を避けるために権力を三つに分散させる三権分立を提唱しました。どちらだって、絶対に正しいというわけではない。大きな失敗を避けるための、一つの仮説なんです。言い方を換えれば、一つのフィクション。そのフィクションのうちの一つを制度化したものに、たまたま議会制度がある。そういう位置付けで議会というものを理解していました。

私の基本的な立場としては、市民の意思や願いというものを何より大事にしていて、「市民からお預かりしている税金を、そのお金で雇われている市長をはじめとした公務員が知恵と汗を絞って、市民に付加価値をつけて戻していく作業」、これが政治行政だと考えています。光の当たらないところに光を当てることにこそ、政治の醍醐味があると思っているタイプの人間からすると、結果的にそうなればいいのであって、そのためのプロセスや制度はいろいろあって良いと思っていた。

なぜ私が市長になる道を選んだかというと、市民から直接選ばれる自治体の首長は、かなりの権限が認められているからです。わかりやすくいうと、総理大臣ではなく、むしろ大統領に近い。与えられた権限を市長が正しく行使することで、ドラスティックに市政を変え、市民に幸せをもたらすことができる。思い切って革新的な施策を打ち出せると考え、明石市長に目標を設定し、市長を務めてきました。

決して議会を軽視していたわけではありません。しかし議会が反対しても、最終的には市長に決定権が委ねられていると考えていました。

議会は市民の代表なのか？

――「専決処分」ですね。実際、2021年8月、全市民への5000円分のサポート利用券配布を巡って議会と対立し、臨時市議会で継続審議が決まったけど、閉会直後に泉さんが専決処分で実施に踏み切った。まさに、泉さんのおっしゃる、議会制度を超越した市長の権限を行使する形になりました。

泉　ええ。ずいぶん叩かれましたが、あの専決処分にしたって、「行使してはいけない」

ということではなく、選択肢として法的に認められているんです。その首長の決断が間違っているなら、有権者が住民投票でリコールすればいい。権力の暴走を防ぐために、そういう安全装置が付いた制度になっているわけです。

でも、世の人の多くには、「市長と議会が仲良くするのが良いことだ」みたいな思い込みがあるでしょ。「市長も市民から選ばれているけれど、市議会議員だって市民から選ばれているんだから、仲間同士仲良くしたらええやないか」と。でも、議会と仲良くして上手くいくなら、最初から苦労はないのであって……。

そもそも論として、「議会があったほうがいいのか、それともないほうがいいのか」「（議会が）あるにしても、どういった議会が理想的なのか」。議会の運用のあり方はどうあるべきか、本当はちゃんと議論しないといけないのに、テーマに上がることもない現状ですよね。

大手マスコミは、権力者批判の名のもとに、首長のことは喜んで批判するけれど、議会に対する検証なんてまずしないでしょ。彼らは、市議会議員の発言が事実かどうかの確認すらしません。議員が何か発言すると、その議員の名前を付けて、カギ括弧として伝えるだけ。「○○議員が『△△』と言っている」という形でね。つまり、その内容が市長批判でさえあれば、マスコミにとって都合がいい。真偽なんてどうでもいいわけですよ。

もう一つ言わせてもらえば、明石市で言うと、市議会議員の最低得票数は１７００票くらいです。この票数は、政党とか何らかの団体の応援があればクリアできる。それって、市民に選ばれたって言えるんでしょうか。政党とか業界団体に選ばれた、ということじゃないですか。８万票の市長とは次元が違うのに、マスコミはむしろ議会のほうを「市民の代表」みたいに言いたがる。おかしな話だと思います。だから議会はほとんど無傷で、好き放題できる状況に置かれています。

多くの無党派市長が苦しむポイントがそこにある。議会の批判にさらされ続け、やがて持ちこたえられなくなってくる。これが目に見えているので、結局「議会に嫌われないようにしないと」ということになってしまう。

唯一の役割は「権力者の暴走を抑えること」

――「そもそも議会は必要か」と問題提起されたので私見を述べますが、泉さんのおっしゃったことに異を唱えたいのは、みんながみんな、泉さんのように市民への思いが強くてフェアな感覚を持っている市長とは限らない、ということです。ずっと政治記者をやっていると、とんでもない首長が誕生するケースも見てきました。そうなった時に、首長を抑えるのはやっぱり議会なんですよ。

「専決処分」という制度が地方自治にあること自体は賛成ですが、国にあったらと考えると結構怖い。総理大臣の専決処分が法律で認められてしまうと、全ての反対を無視して戦争だって、大増税だってできてしまう。

長い間、日本の政治の最大の課題は、ものごとが決められないことでした。私も、何も決められない政府に対してずっと批判してきたんですけど、その行き着く先に安倍政権の「官邸主導」があった。権力の私物化、隠蔽、国会での虚偽答弁、公文書改竄、文書廃棄……。あの悪行の数々を目の当たりにして、私はずっと「官邸主導」論者だったけど、それは間違っていたと痛感しました。

権力を集中させると、たとえどんなに立派な人間だろうが間違ってしまう。安倍政権を近くで見ていて、心の底から「怖い」と思った。もちろんトップがリーダーシップを発揮して、何かを決断することは大事だけど、最も怖いのは権力が暴走し始めたら止められないこと。権力の集中は恐ろしい事態を招くということを、思い知らされました。

そうなると、必要悪とはいえ議会を否定しきることはできないのだから、その前提で考える必要がある。どうやって政治主導、あるいは市長主導を取り戻すかというと、議会のマジョリティを取るしかない。選挙を勝ち、議会の過半数を奪い取る。一つ面倒くさいプロセスが入り、ここで多くの首長が頓挫してしまうわけですが、これこそが権力闘争であり、政治闘争だと私は考えます。

泉　その結論に異論はないです。けれど、一つ整理したいのは、国と地方ではできることが違うということです。

鮫島さんが言うように、国は戦争できます。暴走のリスクが過度に高い。だから、日本の場合、国においては議院内閣制を採用しているわけです。国民に直接選ばれる大統領制のような、権力が集中するやり方を採っていない。

一方で、地方自治体が戦争をするわけではありません。外交や防衛、増税なんかは、最初から地方政治の範疇に入ってない。地方の主要なテーマといえば、何よりもまず市民の生活です。なので、いわゆるアメリカのような大統領型を採っているわけです。だから、市長には専決処分の権限が認められている。日本では国と地方で、ある意味異なる政治制度を採用しているわけです。

私は10歳のころから、市長になって市民生活を改善したいと思っていたし、20歳を過ぎたころに、具体的に自分に何ができるのか、もう一度整理し直した。その時、市長だったら市民生活を直接、スピード感を持って改善できる確信を得たので、市長になることを選んだ。国会議員になっても国民の生活をダイナミックに改善することはできないし、総理大臣になったってたかが知れている。そう思いました。

もちろん、市長だから何でもできるわけではなく、4年に1回選挙があって、問題があれば市民にクビを切られますし、議会が不信任を決議することもできます。議会に不信任を二度決議されれば、市長は失職することになっている。そういった、いわば権力の暴走を防ぐ防御装置が機能している中で、市長には絶対的な権限が認められている。

――地方自治に関しては泉さんの言うように「性善説」に立って、市長に権限を集中して、市民が「このリーダーに懸けてみよう」と期待するのはアリだと思う。でも、国政レベルでそれをやると、取り返しのつかない事態になりかねない。やっぱり国政では徹底的な「性悪説」に立ち、「どんな政治家でも総理大臣になったら、とんでもない間違いを犯すかもしれない」という前提に立って、権力が暴走しないように縛ることが不可欠です。一つは憲法や法律で縛る。次に議会や司法という三権分立で縛る。そして第4の権力といわれるマスコミ、さらには市民活動やSNSも含めたジャーナリズムの監視で縛る。議会は権力の暴走を防ぐためにもやはり必要なのだと思います。

泉　たしかに議会については、国と地方で分けて論じる必要がありそうです。

改革派市長が議会に取り込まれる理由

選挙に勝った瞬間に手打ちする

――大胆な改革を成し遂げるために、時として強力なリーダーシップが必要になるという、泉さんの考えはよくわかります。

しかし、他の自治体に目を向けると、議会との闘いに苦戦している無党派の首長が実に多い。たとえば杉並区長の岸本聡子さん。区民の期待を背負い、薄氷の勝利で区長になったわけですけど、当選前に思い描いた改革を実現できているかというと、なかなか厳しい状況だと言わざるをえません。

なぜ、泉さんは議会の壁を押し退けることができて、多くの無党派市長にはそれができないのでしょう？

泉　これはもう非常にシンプル。たとえば、市長選や知事選で一騎打ちの末、与党が担ぐ候補者相手に勝ちますよね。勝った後に、ちゃんと市民・県民に足場を置いたままやればいいいんです。でも、たいがいの人は勝った瞬間に、役所や議会側と手打ちする方向に舵を切ってしまう。ほぼ、みんなそう。私からしたら、失望の連続です。

例を挙げたらキリがないですよ。たとえば、明石市の隣の加古川市長は、2014年に無所属で立候補し当選して市長になりましたけど、同年12月の衆院選では、かつて兵庫10区の対立候補であった自民党の候補者の出陣式に出席し、支持を表明している。つまり、市長になった瞬間、自民党と手打ちしてるわけです。仙台市長も同じように、2021年の衆院選では自民党の集会に参加し、支持を表明した。

もともと民主党系の政治家だった無所属の首長が、選挙に勝った途端に自民党と手打ちする姿は全国各地で見受けられます。政策本位で政治家個人を応援するならいいけど、そうではない。議会運営のために自民党と手打ちしてるわけです。せっかく選挙で勝ったのに、その時点で自民党に逆らえなくなってしまう。

お話に出た杉並区長とは、2022年、雑誌上で対談する機会があり、私も彼女に期待を寄せていたので喜んで引き受けました。結局、私の不始末（暴言騒動）があり、杉並区側がちょっと困ると言い出したので、急遽私の単独インタビューという形に変わりました。幻の対談になってしまいましたけど、あの時、ご本人と夕食もご一緒して、だいぶ激励しました。「あなたは区民から選ばれて区長になった『期待の星』なんだから、ずっと区民を向いてないといけないよ」と。

彼女は区長になってからも市民のデモに参加して、その姿勢も評価されていたのに、議会に叩かれてやめてしまった。「市民的自由の最たるものである政治的自由を奪われた」と愚痴っていたので、私は「いや、奪われてなんかないでしょ」と言ったんです。議会になんぼ叩かれても、にっこり笑いながらデモ行進したらいいと。それを「奪われた」と捉えていることが問題だと、強く言いました。「議会が何を言っても、区民が味方についてるんだから大丈夫や」と。どんなに議会とケンカしたって区民は応援してくれます。私の12年が、そうだったようにね。

区民の応援で誕生した区長が、区民を裏切って議会と手打ちしたら、逆に区民からしっぺ返しが来ますよ。だからこそ、私は「いましんどくても、議会や役所に取り込まれたらあかん」と言ったのに、「私は泉さんとは違います」と言われてしまった。

弱気だから市民より議会を選ぶ

――市民のほうを向き続けるのは、やはりそれほど難しい？

泉　原因は全部同じで、不安なんです。本当はそのままで十分できるのに、当選したらすぐに不安がってしまって、市長が議会と和解したがる。その弱気によって、せっかく当選したのに、自分のやりたい政策が進められなくなってしまう。

せっかく市民に応援されて市長になったのに、ちょっと圧力をかけられたらすぐに屈してしまう。覚悟が足りないと言ったらそれまでですが、キーは副市長でしょうね。よくあるパターンは、副市長が「あなたのためです。市長の将来を考えると、ここは大人になって」とか「ここは我慢して」と、持ちかけてくる。

私の場合、幸か不幸か、副市長不在の状況でスタートすることができました。副市長が本命、つまり私の対抗馬にべったり付いていたから、私が勝ったら「泉の顔も見たくない」と辞めたんです。議会を代弁して市長を羽交い締めにする副市長が1年間決まらなかったので、その間に自由に改革できた部分はたしかにあります。

改革の波を地方から国へ

とにかく「やって見せる」

――泉さんが「最初から講じておけば」と後悔されているように、これから首長を目指す人にとって、泉さんの経験は大きなヒントになる。議会対策をしなかったにもかかわらず、これだけの実績を明石市で上げたのは素晴らしいけど、それは泉さんだからできた面が大きい。他の首長には、なかなか真似できません。

「議会対策」を講じた上で施策を実行に移す。そうやって、第二・第三の泉市長が全国でボコボコ生まれたら、地方から政治を変えることができると思います。

泉　上手に議会と付き合ってる首長さんもいますよ。例えば、福岡市長などは、敵を作らない形で上手に議会で立ち回りながら改革を進めていますよね。

ただ、私ほど急いで改革を進めた市長はいなかったでしょう。正直言って、私は急ぎすぎたんです。自分としては破裂してもいいから、自分に権限がある範囲で行けるところまで行こうと思いました。羽交い締めにされても、振りほどいてでも前に進もうという覚悟を決めてましたから。議会と調整していれば、もっと上手くやれたかもしれませんが、それで明石市のいまが作れたかというと、正直そこは自信がない。私は、明石市で成功事例を作るところまでが自分の使命だと思ってましたから、嫌われようが憎まれようが、やるからにはなんとしてでも「明石市でできた」ということを示したかった。

――政治で一番大事なのは結果で、とにかく「やって見せる」。これが全てですよね。結果こそが、有権者を説得する力になるわけですから。

泉　そうなんです！　政治は結果です。耳障りの良い言葉を並べるだけでは意味がない。ただ、ある程度「明石市」というモデルができたと思ってますから、これからの市長には議会と上手くやった上で自分の思う施策を進めてほしい。

──私なんかはずっと政局ばっかり取材してきて、「政局なんかいらない、政策報道をしろ」と言われてきたのですが、ぜひ読者のみなさんにもわかってもらいたいのは、やはり政局は大事だということ。

政局とは何かというと、多数派を得る闘いなんです。政局闘争に勝たないと過半数は得られない。そしたら改革は阻まれる。となると多数を得る方法は、選挙で圧倒して勝っちゃうか、選挙で過半数を取れなければ、世論を味方につけて敵を分断し、一部を切り崩して取り込み、多数派を作り上げていく。これが政局の正体です。

自分の政治信条を曲げて敵と折り合うのではなく、自分優位の立場で相手に妥協を迫って引き込むことができれば、その政局は勝利です。そのためには世論を味方につける構想を打ち上げたり、敵陣営を分断する提案を投げかけたり、敵の一部を取り込む裏取引だって必要かもしれません。法律的、人道的、倫理的に許されるあらゆる手段を使って政局的勝利を実現し、多数派を形成して政策を実現してみせる。その覚悟がない人は最初から政治家には向いていない。「政局より政策が重要だ」と主張する真面目な人々にこそ、政局の大切さを理解してほしい。ここを棚上げしていたら、これから先、どんなに立派な市長が現れても、議会の壁が立ちはだかって「議会が悪い」というアカデミックな制度論争に陥ってしまい、実際には何も実現できないまま終わってしまう。そうなると政治への落胆や諦めが広がり、政治はますます市民から離れ、既得権を握る一部の人のものになる。やはり政局に勝って政策を実現してみせることが政治家にとって最も重要なことなんです。

泉　そこは全く同意見です。

明石方式を全国に広げたい

泉　ただ、そこで立ちはだかるのが、先ほど言った議員の得票数の問題です。明石市の場合は１７００票くらいで通るのですが、そうすると明石市議会の議員定数30人のところ、たとえば一定の規模の宗教団体が明石市議選に６人候補を出せるとなると、間違いなく全員通ります。労働組合だって、２０００票ぐらい取れてしまう。

――大選挙区制の問題がそこにあります。

泉　これ、橋下徹くんに言われたのですがね。大阪市のように、選挙区ごとに定数が２～６まで割り振ってある中選挙区制を採用している都市ならまだしも、まるごと30の定数で過半数なんか取れっこないから、「結局、妥協せざるをえないですね」と言われた。橋下くんはリアリズムの人だから、そのあたりはものすごく的確なんですよ。

――橋下さんが大阪で大きく政治の流れを変えたのは、市長になってすぐに議会の過半数

を押さえたからなんです。ここは、旧民主党が一番サボってきたところで、せっかく首長選で勝っても、議会で過半数を取ることがなかった。維新の手法は画期的でした。首長と議会の両方を押さえる地域政党の可能性をリアルに示したのです。

強力な地域政党が誕生するきっかけは、やはり強力な知事や市長が誕生することです。大阪維新の会で言えば、橋下徹知事。「明石市民の会」で言えば、泉房穂市長。そこで議会と対立し、議会の過半数を獲得しなければ政策を次々に実現することはできないという現実に直面して、議会選に候補者を大量擁立することから地域政党が生まれるという流れですね。これからの時代、地域政党が全国各地に雨後のタケノコのように誕生すれば、自民党支配は足元から瞬く間に崩れると思います。

泉「これまで明石市が政策面においてファーストペンギン的に走ってきたけれど、今度は統一地方選で『全国初』の選挙をしたい。これまでとは違う形で、選挙を通して民意が反映される選挙を見せる」

2022年末、「明石市民の会」設立の記者会見でこう言いました。

翌年春の統一地方選では、前半の兵庫県議にも、後半の明石市長、明石市議にも思いを引き継げる人を擁立し、市民の圧倒的な支持を得て、県でも市でも当選しています。市民への責任が果たせた思いです。

――「子どもを核としたまちづくり」「すべての人に優しいまちづくり」といった泉さんが作った明石市政の継続が約束された。今後も安定した政治運営ができたら、地方自治のモデルとして、各地で明石方式を真似できるかもしれない。そうすれば、日本は地方から大きく変わります。

泉　ええ、「改革の波を地方から国へ」。そのために「明石市民の会」に続く動きがどんどん生まれてほしいです。

既得権益層に依拠しない首長と議員が増えれば、社会は確実に変わりますよ。

第三章 政党論

自民党も立憲民主党も市民・国民の味方ではない。
市民と一緒に優しいまちに変えていく、という私の政治スタンスからすると、
民意を実現するために本気で活動している政党は、残念ながらありません。

若手政治家の「鞍替え」が投げかけたこと

自民党も立憲民主もたいして変わらない

――少し前の話になりますが、若い政治家の今井瑠々さんが立憲民主党から自民党への鞍替えを表明して非難を浴びました。

彼女は2021年の衆院選で立憲民主党の公認候補として、全国最年少、当時25歳という若さで岐阜5区から出馬しました。惜しくも、自民党の古屋圭司氏に競り負け落選したものの、弱り切った野党第一党の「期待のホープ」だったはず。その彼女が、よりにもよって宿敵であるはずの自民党に鞍替えしてしまった。

会見には岐阜を選挙区とする自民党の野田聖子も同席していましたが、古い世代の感覚からするとビックリ以外の何物でもない。変わり身が早すぎるというか、ポリシーが無いんじゃないかと。しかし、ちょっと待てと私は思いました。これは彼女個人のモラルの問題というよりも、二大政党政治の有名無実化を映し出しているのではないか。

我々の世代はこの30年、二大政党が永田町でしのぎを削っていると思い込んできましたが、彼女のような若い世代はまったく違う感覚で政治を捉えている。「自民も立憲民主も、たいして変わらないでしょ」と。政治家としての活動は、どっちから選挙に出ても変わらない。ならば、当選しやすい自民党から出たほうが手っ取り早い、と。そういった彼女の行動・考え方がわかるという声も意外に多くて、2023年の統一地方選で岐阜県議に当選しています。彼女の一件は二大政党政治の行き詰まりを、ある意味で可視化してしまった側面があります。

泉　端的にいうと、自民党も立憲民主党も、もはや市民・国民の味方ではないですわ。そういう意味で、差異が見えにくくなってるのは事実です。この2党だけじゃありません。市民と一緒に考えて、市民と一緒に優しいまちに変えていく、という私の政治的スタンスからすると、民意を実現するために本気で活動している政党は、残念ながらありません。

――全く同感。実は、泉さんの明石市長としての発信が、ここまで全国的に注目されている理由もそこにあると考えています。

「どの政党にも期待できない」という落胆、鬱憤が日本全体を覆っているからこそ、明石市の成果が脚光を集めている。つまり、昨今の「泉フィーバー」とも言える現象と国政への失望は、表裏の関係にあると思います。

有権者からすれば「AとBのどちらかマシなほうを選べ」という選択を迫られ続けてきたわけですが、自民党も野党第一党の立憲民主党も似たり寄ったりで、選びようがない。その原因を作ったのが、2009年の民主党政権だと思います。

政権交代が起きて「これからダイナミックに社会が変わっていく」と期待が高まりましたが、フタを開けてみたらたいして変わらなかった。選挙前に公約として掲げていた改革はほとんど実現されず、挙げ句の果てに、公約にない消費増税まで行ってしまった。あの時に国民が抱いた「裏切られた感」がいまも尾を引いているんです。

泉　私も2003年から2年間民主党の国会議員を務めましたが、せっかくの政権交代を台無しにしたという点では、まったく同意見です。安倍さんもその辺は上手で、国民の共感を呼ぶような形で、「悪夢の民主党政権」と叩き続けてましたよね。私は悪夢とまでは言いませんが、国民に失望を与えた政権だったことは間違いない。そしてそれが今の、二大政党制の行き詰まりにつながっているというのも、鮫島さんと同意見です。

そうは言っても逞しい自民党

昔の自民党議員には人間力があった

——本章のテーマは政党論です。無党派市長として、すべての政党とケンカをしてきた泉さんならではの分析をお聞きしたい。まずは自民党です。

泉　自民党にはいろいろな局面で苦しめられてきましたが、ある意味、すごく柔軟で、逞しい政党だと思っています。

何がポイントかというと、自民党にとっては権力が全てなんです。その意味で、政治のリアルがわかっている。綺麗ごとではなく、まさに権力の立場にいることがすべてだと。一つの政党では収まりきらないぐらい、多様な考えの議員がいるのに、権力がすべてという点で一致しているところが強みでしょうね。敵ながらたいしたもんです。

逆に言えば自民党以外は、ついつい建前論とか綺麗ごとに走りがちで、権力闘争に勝ち切る強さがない。

——私は自民党の番記者が長かったのですけど、自分がまだ20歳代で政治記者になった当初の自民党は凄かった。おっしゃるように、多様だし、逞しいし。全盛期の派閥間闘争は近くで見ていて恐ろしかった。自民党には極悪政治家がいっぱいいるんだけど、学ぶことも多かった。権力闘争で鍛えられた「人間力」が自民党の良さだと思っていました。

しかし昨今、とくにこの10年くらいで、自民党も変わりました。小選挙区制が根付いてきたいまの自民党は、一言でいうと、薄っぺらくなってしまった。

泉 小選挙区制が政治家を小粒にしていると私も思う。かつての中選挙区時代は、自民党の候補者同士が争うわけですよ。金権政治が蔓延した負の側面はありますが、有権者とフェイス・トゥ・フェイスの関係を構築しないと通らない状況で、人間が磨かれた。地域を大切にして、一人一人の有権者を大事にする。民主政治の基本があったと見ることもできます。中選挙区を勝ち上がってきた政治家には強さがあった。

——5人区だとすると、自民党公認候補がだいたい3人はいる。新人が国会議員になろうと思ったら、まず無所属で選挙に出て自力で現職3人の誰かを倒さなければならない。そしてそういう猛者が当選後に自民党に追加公認される。だから人材の層が厚かった。

ところが現在では、野党が弱い選挙区だと、自民党の公認を得れば自動的に当選するようになってしまった。国会議員になるまでの「揉まれ具合」が、かつてとはまるで違う。

泉　そうですね、自民党というだけで当選する議員が増えている。

——そうすると公認の権限を握っている党の幹部にペコペコして良い子ちゃんにしておけば、永遠に議席は守れるわけです。公認を外されてしまうと落ちるから、国民とか有権者よりも党への忠誠こそが大事になってくる。小選挙区制によって、国会議員のサラリーマン化が進んでしまった。

実はこれ、野党第一党の立憲民主党も同じなんです。だから、自民党と立憲民主党の政治家の見分けがつかない。みんなサラリーマンのように上司の顔色をうかがっていて、政治記者として取材しても本当につまらなくなった。

田中角栄の地元で学んだこと

泉　私はよく「どっち向いて仕事しとんねん！」と言いますが、小選挙区制に根本の原因があると思う。中選挙区時代は、自力で勝ち上がって初めて議員になれたから、彼らが見ている方向はまずは有権者だった。

——現在の自民党内を見渡しても、中選挙区を経験している議員はどんどん少なくなってきました。岸田文雄首相は、１９９３年の衆院選で初当選してますから、ぎりぎり中選挙区を経験しているんですよ。でも菅義偉前首相は横浜市議会議員を経て1996年に初当選しているので、小選挙区制導入後だったんですよね。小選挙区制で国政デビューした最初の総理大臣でした。

それ以降の世代は本当に小選挙区しか知らないわけです。党内の偉い人にペコペコするサラリーマン議員しかいなくなる時代が、そこまできている。

泉　自民党といえば、田中角栄さんが自分の中で大きな存在なんです。

1983年10月、ロッキード事件で実刑判決を受けた田中さんは即日控訴して、直後の12月に衆院選に出馬しました。当時、大学生の私には、あの選挙で何が起きたのか意味がわからなかった。新聞・テレビ全社が田中角栄を叩きまくっているんです。その影響で、田中派の議員たちは軒並み落ちまくっているのに、当の田中さんは総理大臣のとき以上の得票数を得て当選した。なぜそんなことが起きたのか、考えたら腹が立って居ても立ってもいられなくなり、新潟行きの電車に飛び乗りました。

——すごい行動力（笑）。

泉　12月ですから、長岡の駅に着いたら2メートルくらい雪が積もってる。近くにいる人に「田中角栄に会いたい。選挙事務所の場所を教えてくれ」と頼んだら、その人がすごく親切で。「来い来い」言うて、すぐに連れて行ってくれた。

当然、越山会《えつざんかい》の選挙事務所にご本人はいませんでしたが、事務所の方々はどこの馬の骨ともわからない頭でっかちの大学生を温かく迎えてくれました。「兄ちゃん、東大生か。何しに来た？　角栄さんのファンか？」と聞かれ、まさか腹立って乗り込んできたとは言えず「いやぁ……」とか濁してたんですよ。

そしたら車座になって、越山会の方々が、いかに田中角栄が偉大かを喋り始めた。「うわっ、始まっちゃった」と思いました。革命思想にかぶれていた当時の私は、自民党も田中角栄も大嫌いでしたから。

でも、話を聞いているうちに、なぜ角栄が選挙で圧勝したかわかってきた。ある人は「東京の人らはいろいろ言うけど、角栄さんのおかげで地元の山にトンネルができた。それまでは病院が山向こうで、子どもがよく死んでいた。トンネルができたおかげで病院に行けるようになり、いまでは子どもの命が助かってる。みんな悪口ばっかり言うけれど、そういうことは誰も言ってくれないんだ」と言う。そして、「お金の問題も色々あるかもしれないけど、あの人はワシらのために頑張ってくれた。今こそ、ワシらが恩返ししないと」と、みんな口を揃えて言うんです。

「これが22万票の正体か」と思いました。マスコミが大バッシングしても「ワシらが守らなあかん」と地元の人たちが立ち上がり、総理大臣の時以上の票を得た。あの日の体験はすごくリアルに自分の中に生きています。メディアがいかに叩こうが、有権者の心を摑んでいれば勝てる。政治家の真髄を見せつけられた気がしました。

「お前が人殺しても味方や」

――泉さんと明石市民の関係にも似ています。

泉 たしかに4年前の出直し選挙のとき、メディアにも議会にも叩かれまくってる状況でしたが、自分としては心のどこかで「市民はわかってくれてる」という気持ちがあって。フタを開けてみれば、ビックリするくらいの票数で圧勝させてもらえた。角栄さんを熱く語っていたのと同じ熱意が、自分をもう一回市長に戻してくれたんだと思いました。

――私にとって印象的だったのは古賀誠さんです。古賀さんも小泉純一郎政権時代の抵抗勢力のドンで、完全なる悪玉と見られていたけど、地元の福岡では圧倒的に選挙が強かった。古賀さんが、「国会議員は人殺し以外どんな罪を暴かれても当選する力がないとダメだ」と言ってました（笑）。この人、何を言い出すんだと思ったけど、地元では絶大な人気があって、これこそが自民党の強みだと感じました。

泉 私、実は初めて市長選に出たときに、故郷である明石市二見町西二見の幼なじみや近所のオッチャン連中から、「ふさほ、覚えとけよ。ワシらはな、お前が人殺しても味方やからな」と言われました。

——殺しても大丈夫なんだ（笑）。

泉　ビックリして「いやいや、殺しませんから！」言いましたけどね。「お前は明石を捨てんと帰ってきて、ワシらのために立ち上がってくれた。それだけでワシら感動や。だからお前が人殺したって、ワシらは味方やから信じろ」って、ホンマに言われました。

そういった方々の応援のおかげで私が市長になっても、彼らは何の要求もしません。「お前が明石のため、我が村のために頑張ればそれで十分や」と。「その気持ちがワシらは嬉しいんや」という人たちだったから。本当にありがたかった。

——話を戻すと、小選挙区制の弊害が大きくて、かつての田中角栄や古賀誠のような足腰の強さを感じる政治家が、自民党も激減した。

ポスト安倍・明石市出身の国会議員

——そういえば泉さんと同じ明石市出身の西村康稔氏も、サラリーマン化した自民党議員の代表例に見えますが、いかがですか？　経産省出身の元エリート官僚で最大派閥の清和会に身を置き、ポスト安倍をうかがう一人ではありますが……。

泉　う〜む、答えにくい固有名詞が出てきてしまいましたね（笑）。世代も近いですし、彼とは古い付き合いですが。結論から言うと、彼は強いですよ。弱くなった自民党の中で、例外的に強さを持った存在なんじゃないでしょうか。

彼と初めて会った時のことはいまでも忘れません。私が東大に入りたての18歳のころ、いろいろなサークルをハシゴしている時期がありました。もともと柔道をやっていたんですけど、『あしたのジョー』が好きだったからボクシングにも興味があって、短期間ボクシング部にも仮入部していた。

ボクシング部の1個上の先輩に彼がいて、同じ明石出身だったので、だいぶ話したんです。実は、当時から私は市民活動を始めてました。当時は家永教科書裁判の問題が話題になっていて、私も「侵略」を「進出」と教科書の表記を書き換えるのはおかしいと感じていた。それで、学内で一人立ち上がり、署名活動をしていました。

みんなに頼んで署名してもらったのですが、たった一人断られたのが1学年上のその先輩。その時に、「俺は将来総理になるから、こんな署名できん」と断られました。「え、この人、大学2年生から将来総理になると言っているんや!?」と思って、ホンマにビックリした。「こんな人、いるんや」と。

――同級生によると、灘高時代から「将来、総理大臣になる」と公言してたそうです（笑）。

泉　ただひたすら総理を目指す、あのあくなきエネルギーは、彼の中にずっとあるんでしょう。私が子どものときに、冷たい社会を優しくしたいと誓ったように。彼も早い段階で総理になることを誓ったんやろうね。

――それこそ、田中角栄には成し遂げたいビジョンがありましたよね。でも西村さんの「総理になりたい」は、偉くなりたいってだけでしょう。「何をするために総理になりたいのか」という話を聞いたことがない。

泉　とはいえ、あのブレることのない権力への意欲は、すごい。私が司法試験に通った直後の30歳くらいのとき、明石の知人の紹介で、クルーズ船を借り切ったパーティに参加したことがありました。そこで、当時通産省の官僚だった彼と再会したのですが、あの時も度肝を抜かれた。官僚でありながらすでに殿様気分で、女の子をはべらせながら「お前ら俺が総理になったら官邸に呼んだるからな！」と言っていた。私、あの光景がいまだに忘れられない（笑）。

――ただの自惚れ屋さんじゃないですか。傲慢そのもの。

泉　あくなき上昇志向。

――党内での影響力もあるし、総理候補としてこれから名前が上がる可能性もある。全国の人は「同じ明石なのに、明石市民は泉市長を選び、西村代議士も選んでいる。明石

って どういうところなんだ？」と疑問に感じると思うんですよ。二人のキャラクターがあまりに違うから。これ、どう理解したらいいですか？

泉　そんなことよう私に聞きますね。さて、どう理解すると言われても……。最近では稀に見る強い目的意識、つまり総理になるという明確な目標を持っている政治家であることは間違いない。そこから逆算して生きているという部分では、目的は全く違いますが、私と重なる部分もある。

彼は選挙対策も半端じゃありません。参院選のときは公明党を応援するんです。さらに維新とのパイプも太い。つまり、衆院選で他に有力な候補者が出ないように根回ししてるんです。実際、対抗馬は共産党だけだったりして、選挙前に、いわゆる有力者対策を終わらせてしまっている。勝つために、常に万全の選挙戦をやりきる。

あの辺の戦略と、勝利への意志、迫力は凄まじいです。政治家を引退したとはいえ、今後のこともありますので、彼についてはこれくらいで勘弁してください。

立憲民主党の可能性

党首のありえないひと言

――では、自民党に野党がどう対抗していくか、という話に移りましょう。与党か野党か二者択一を迫られる選挙制度なのに、野党第一党の立憲民主党が自民党に輪をかけて弱くなっていて、政権交代への期待感がまったく高まらず、政治に対するあきらめが広がっています。

１９５５年に始まった自社体制では、自民党は万年与党、社会党は万年野党と言われました。社会党は中選挙区制のもとで過半数の議席を獲得して政権を取ることを最初から諦め、擁立候補を絞り、現職を確実に当選させる戦術でした。その代わりに国会で徹底抗戦し、土壇場で予算案や重要法案の採決を認めることと引き換えに、公務員の賃上げなどの要求を自民党にのませる裏取引で自分たちの主張を実現させていたんです。これがいわゆる「国対政治」というやつですよ。

でも、いまの立憲民主党はもっと悲惨なことになっている。小選挙区制のもとで「政権交代を狙う」と言って自民批判票を吸収しながら、実のところ過半数を獲得する自信はなく、現職が比例復活を含めて自分自身の議席さえ守ることができれば十分と考えているんです。二大政党制のはずが、万年与党と万年野党の二者択一になってしまっている。これでは政権交代への期待が高まるはずがありません。有権者をバカにしています。

自民党が党内政局に明け暮れることができるのも「野党が弱すぎて、絶対に政権を失うことはない」と安心しているから。「強力な野党第一党」をつくり直すことが政治改革の第一歩だと思いますが、いかがでしょうか。

泉　2009年に中途半端な政権交代がありましたけど、小選挙区の醍醐味は、変わるときは一瞬で変わるということ。3ヵ月もあれば状況は一変します。それこそ、オセロが一気にひっくり返るみたいに。

——でも、「次の総選挙で政権交代は厳しい。次の次を狙う」なんて言ってる野党第一党の党首では話にならないでしょう。

泉　たしかに弱い。ウソでもいいから「政権を取って私が総理大臣になったらこうします」と言わなあかんのよ。かつての社会党のように、万年野党で、とりあえずいまの立場に安住しているようでは、国民の期待感は高まらない。それこそツイッターもある時代ですし、日々、国民に対するメッセージを発信する。つまり、国民の共感や期待感を掻き立てる能力が、野党の代表には求められている。

——与党と野党のリーダーが総理大臣の座を賭けて戦うのが、小選挙区制の原則です。だからこそ、泉健太代表の発言には呆れてしまった。だいたい、一人の政治家が総理を目指して選挙に挑めるチャンスなんて、一生に一回あるかどうか、まさに千載一遇なんです。その好機をみすみす逃して「次の次」なんて政治センスゼロです。衆院選は総理を選ぶための選挙なんだから。なんのための小選挙区制なのか、彼は全く理解していない。

泉 結局、やりたいことがあるかどうか、というポイントも大事でしょうね。

政治家によって、やりたいことは色々あるでしょう。「金儲けしたい」「偉くなりたい」とか、それとも「世のために尽くしたい」「困った人を助けたい」とか。どんな動機であれ、明確な目的を持っている人間は強いんです。

いまの野党が弱いのは、そこの部分が中途半端だから。とりあえず選挙に通ればいい、みたいな議員が多すぎる。私が民主党から選挙に出て、国会議員になって愕然としたのはここなんです。みんなやりたいことがないの。「え⁉ せっかく通ったのに、何かしたいわけじゃないの⁉」と思った。やりたいこともないのに、よくあれだけしんどいことにカネとエネルギーを使えるな、と思いますよ。

目的がない人間を見て、共感を寄せる有権者はいません。野党のトップに立つ人間はもちろん、政治家たるもの、自分の手で実現したいことがある人間にやってほしい。ただ政治家になることが目的だと思われる人間があまりに多い。そんなことでは、たとえ弱くなってるとはいえ、自民党に勝てるわけがない。

なぜ国民の不安をすくい取らないのか？

――与野党の政治家を１００人以上取材してきましたが、泉房穂さんのように「明石を誰よりも愛し、誰よりも憎んでいる」みたいな強い思いを持つ国会議員はもうずいぶん前からいないんです。

泉　残念な話ですね。

現実的な話をすると、立憲民主党だけじゃなくいまの各野党に、単体で政権を奪取する道があるかというと、残念ながら難しいでしょう。共闘して、新たな展開を見せるとか、何かが必要になってくると思います。立憲が少しぐらい衣替えしたところで、国民から期待される政党になれるかというと、そう甘くはない。

日本維新の会にしたって、大阪を中心に一部の地方選ではたしかに強いですが、同じ関西でも兵庫県では首長が取れないですからね。大阪では実績がありますけれど、それ以上の存在になれるかというと、そこはまだしんどい。
両方とも頭打ち。2022年、毎日新聞が実施したアンケート調査「次の総理」の20位までに立憲の泉健太代表も、維新の馬場伸幸代表も、入らない状況ですから。それって、野党の意味があらへんやん。野党第一党、第二党のトップが総選挙で勝ったら、どちらかが野党側の総理候補になるわけなのに、国民は完全に冷めてしまっている。
もう政治と距離を置いている橋下徹くんや、大阪の吉村洋文知事、東京の小池百合子知事なんかの名前は出てましたけど。そこに名前が上がってこない時点で、野党は終わっている。国民の期待を背負えるキャラクターだと思われてないわけですから。

——野党の展望はだいぶ厳しいですね。

泉 狭い政党論を抜け出して、社会全体の空気とか気運、時代という大きな枠組みで見れば実は大チャンスなんですけどね。
何が言いたいかというと、いま国民のキーワードは「不安」なんです。自民党の政治家は「日本の消費税はまだ安い」とか言うてますけど、日本は社会保険料が高いから、国民負担率は47・5%もある。諸外国と比較しても国民負担は決して低くないのに、還元される分が極端に小さい。そして30年間経済成長しておらず、給料も上がっていない。にもかかわらず、税金や保険料ばかり上がるから、どんどん可処分所得が減っている。光熱費の高騰や円安が、それに拍車をかけ、国民生活を直撃している現状です。だから少子化が止まらないし、少子化だから経済成長できない。完全に負のスパイラルに陥っています。問題は明確なのに、政府はそこに対する有効なカードが切れないわけですよ。ふんぞりかえって政権に居座っている、いまの与党には期待できませんし、野党もその国民感情・不安感をすくい取れてない。本当は、そこに可能性があるんです。

国民は生活不安というリアリティに直面しているわけだから、そこに反応して新たな動きを起こせれば、一気にひっくり返せる。曲がりなりにも民主主義国家なんですから、4年に一度は衆院選があるし、3年に一度参院選がある。そこで民意を味方につければ、変わるときは一瞬で変わりうると、私は期待しています。

維新には学ぶ点がある

「やって見せた」ことは評価すべき

——維新は橋下徹さんとともに党運営を主導してきた松井一郎さんが引退し、馬場伸幸代表と吉村洋文大阪府知事を中心とする新体制へ移行しました。その緒戦となる202

3年春の統一地方選挙では、大阪府知事・市長のダブル選挙に圧勝し、府議会・市議会の選挙でも過半数を制して、本拠地・大阪での維新支配を磐石にしました。奈良県知事選でも勝利して大阪以外で初の「維新公認知事」を誕生させ、兵庫県や京都府の議会選挙でも議席を大幅に増やして、関西圏で飛ぶ鳥を落とす勢いをみせています。全国的にも18道府県で選挙前の倍以上となる124議席を獲得し、大阪を拠点とした「地域政党」から「全国政党」へ脱皮しつつあるといえるでしょう。

維新は結党以来、自民党よりも野党第一党を倒すことを当面の目標に掲げてきました。自公与党では立憲民主党よりも維新を警戒する声が強まっており、低迷する立憲から野党第一党の座を奪うのは時間の問題かもしれません。

維新の金看板は「身を切る改革」です。吉村知事らが退職金を受け取らず、議員特権も縮小したうえで、税金の無駄遣いを徹底的に減らして財政再建を進める姿勢が評価されています。ただ私が今回の統一地方選を取材した印象では、吉村知事が街頭で「お年寄りの皆様のおかげで今がある。感謝しています」と訴えるなど、高齢者層の支持も巧みに引き寄せているように感じました。

地域政党から全国へ支持を拡大していく手法は、泉さんとも重なるように思いますが、維新についてはどう評価していますか？

泉　維新については、よく聞かれるんですけどね。物事には光と影があるわけですが、プラスの面を見ると、維新は実際に大阪というフィールドでスタートし、ちゃんと地に足が着いた形で政治を変えている。大阪府内に限って言えば、どんどん首長が維新に変わっていっている状況ですからね。

つまり、「かつての大阪よりは維新に任せておいたほうがいい」と多くの府民が思っているということです。私は「自己責任」や「自助」を重んじるのではなく、「共助」「公助」を掲げてきましたから、維新と政治的な主張にはかなり違いがあります。とはいえ、口先だけじゃなく、府民の生活レベルで実際に「やって見せた」という点では、可能性を示してくれましたよね。

──民主党には貧富の格差の是正をめざす「大きな政府」論と、無駄遣いをなくす「小さな政府」論が混在していました。立憲民主党もそれを引きずっている。維新は「小さな政府」論を徹底させた政党で、「身を切る改革」はそのシンボルといえるでしょう。立憲と維新に共通するのは、原則として税収の範囲内に予算を抑える緊縮財政論に立っていることです。違いは立憲は増税志向、維新は予算削減志向が強いということですね。泉さんの「誰一人見捨てない」という政治理念よりも財政収支均衡を重視する点において、立憲も維新も変わりはありません。実は、自民党も基本的には立憲と維新と同じで、財政収支均衡を重視する緊縮財政論なんです。岸田政権はとくにその傾向が強い。財務省の影響力が与野党に広く及んでいるんです。

泉　「身を切る改革」はただのパフォーマンスです。政治家の身を多少切ったところで、国民生活がハッピーになるわけではないのでね。公務員バッシングとか身を切る改革はワイドショーのネタになるだけの話で、そんなちっぽけな財源では何もできないですよ。

立憲はお上品すぎて、わくわく感がまったくない。それこそ「自民党をぶっ壊す」と宣言してホンマに壊しちゃった小泉さんみたいなキャラクターが、野党から出てこないんですよね。一言でいうと真面目すぎる。小泉さん自体は賛否両論あるでしょうけど、ああやって国民の注目を引き付け続けたのは大した才能だと思います。政治ってエンタメ要素も必要なんですよ。

――そう。国民をしらけさせるのが、一番よくない。

泉　そういう意味で、いまの立憲や維新に未来があるかというと、正直厳しいと思います。

でも、そうやって政局が停滞しているいまだからこそ、新しい可能性はある。それがゼロから生まれてくるのか、いまの小さいところが大きくなるのか。それとも、共闘という形になるのか、はたまた自民党の一部が新たな勢力になるかもしれない。いろんなパターンがありえるでしょう。
希望の党の騒動もそうでしたけれど、動くときは「もしかしたら」ということが一瞬で起こります。あの時だって、一瞬「小池百合子総理、誕生か」という空気になった。たったひとつの失言で一気に流れが変わってしまったけど、そのチャンスを逃さなければ、政権交代はできると考えています。

公明党との難しい関係

与党になってからの変節

――公明党はどうでしょう。市長時代の泉さんにとっては、やっかいな存在だったのではないですか？

泉　選挙に関しては、毎回ものすごくリアリティのある選挙をするので、公明党の選挙は参考になります。あの徹底ぶりはやはりすごい。マンツーマンで一人一人の顔と名前を一致させて、投票に行ってもらうまで確認する。あくなき当選のためのエネルギーとでも言いましょうか。あれは半端じゃない。

私が民主党から国会議員に立候補しているときも、公明党の人がうちの両親に「公明党よろしく」と頼みに来ているから。

――ははは。

泉　実際、すごいなと思いますよ。「せめて家族の中の一票だけでも」言うて、頼みにくるんだもん。

政策的な部分で言うと、以前はベースとして「福祉」とか「平和」を重視していると言ってきた。私が国会議員のときは坂口力さんが厚生労働大臣で、福祉の党として国政においても役割を果たそうとしていました。

ところが政権与党になってからは、国土交通大臣のポストが公明党の既得権になった。これは残念に思います。兵庫県では、参院選で公明党が強いのですが、必ず、びっくりするような大集会を開くんです。ここ数年は、必ず安倍晋三元首相か菅義偉元首相が来てました。安倍さんが奈良で殺されたときも、直前に兵庫県に来ていました。

公明党の集会には、いつも自民党の権力者が駆けつけて、前方にずらりと座っているのはみな国土交通関係の業界団体。壇上には、自民党議員の面々が並びます。バスのピストン輸送で、自民党の議員たちを運んでくるんですわ。当然、創価学会員に動員がかかっている。

まさに昔の旧田中派の土建選挙を、バージョンアップさせたようなことを、今の時代にやっているんです。まさに国土交通の権限をフル活用した形で、選挙を戦っています。

それを違法とはいいません。公明党自身の自力が弱くなっているので、国政における役割も、本来の福祉行政から国土交通系に乗り換えざるをえないのでしょう。

ただ問題なのは、何をやってもマスコミは公明党を批判しませんからね。本当は莫大な金の無駄遣いとか、利権とか、いろいろな問題があるのに。特に地方では、公明党が隠蓑になってその大元である国土交通系業界団体が批判されない構図になっている。

――田中角栄以来、経世会の牙城になっていた国交省絡みの利権が、公明党に受け継がれてしまった。

泉　ええ。結局、うぶな綺麗ごと並べたって政治じゃないから。政治は結果なんです。政治というものは、国民に結果をもたらすものだから。そのためには勝たなければいけない。選挙は参加することに意味があるのではなくて、ちゃんと勝ってその立場に立ち、掲げた政策をやりきる。それで市民・国民に笑顔を提供してこそ政治家であって、「頑張ったけれどダメでした」では意味がないと思ってます。

その点、公明党の選挙に対するあくなきエネルギーは、他の政党も見習うべき点が多いと思います。

——ただ、だいぶ組織力が落ちて、全国での票も激減しています。創価学会員の高齢化も進んでいる。

泉　弱ってはいますが、それこそ維新だって、公明党と選挙協力してますよね。維新は公明党の候補がいる小選挙区には候補者は出しません。出せば勝てる状況でも、公明党との関係を優先して、小選挙区を譲っているわけです。弱っても一目置かれているのが現状だと言えるでしょう。

あと、選挙を見ていると、連立を組んでいる自民党自身も相当弱ってきてます。公認を得ても、実際には動員のかかった創価学会員が、自民党の集会を助けたりしてますから。そういう意味でも、公明党は頼りになる存在なのでしょう。

明石市議会での猛烈な嫌がらせ

——公明党や自民党とは、明石市議会でも、かなりバチバチやり合ったんじゃないですか？

泉　答えにくいテーマですね。公明党との関係って本当に悩ましいんですよ。たとえば今回の政治家引退のきっかけになったサポート券にしたって、もともとは公明党が提案したことなんです。

かなり誤解されていると思うのですが、私は議会が揉めることがわかっていたので、それまで一度も専決したことがありませんでした。東京都の小池知事とか、大阪府の吉村知事は、コロナを理由に専決しまくっているんですけどね。彼らは議会で与党形成ができているから批判が出ないので、専決をしても結論が変わらない状況なんです。議会に味方が少ない私の場合、11年間、専決処分できるケースでもせずに、議会と調整しながら誤魔化し誤魔化し、何とかやってきた。

ところが、コロナの第三波に見舞われた時、市民も疲弊しているし、事業者も困っていた。その状況で、地域経済を活性化させるために、一人当たり5000円のサポート券を配布するというプランを公明党が党として提案してきました。良いことだと思ったので、それを受けて私が議会に提案したわけですが、その際、自公とは手打ちが済んでいた。にもかかわらず、急転直下「継続審議」という形での嫌がらせとなった。

——なぜ、自分たちが提案した案なのに、実現を阻んだのですか？

泉　理屈じゃなく感情論なんだと思います。

私としては、あのとき「ああ、終わったな」と思った。これまでは専決をせずに何とか来たけれど、ついに市民を犠牲にしてまで嫌がらせをしてきた。こんな身勝手を許してしまうと、もう何も通らなくなる。だから、伝家の宝刀である専決処分という手に出るしかなかったのです。

市民からは「市長ありがとう、議会に負けるな」と言ってもらえました。でも、議会はそこで収まらなかった。つまり、完全に相手をやっつけちゃいけなかったんです。悪者にされた議会は、余計に頭に血が上ってしまって。それが、その後の百条委員会とか、いろいろなことに繋がってくる。

もはや、何でもいいから市長の粗探しをして「何が何でもあいつを退場させてやる」となってしまった。その後の彼らは、いかに私をやめさせるかにエネルギーを使い続けていた状況でした。

それでも、自分の中では最後の大仕事である、優生保護法被害者支援条例だけは通したかったのですが、あれも結局、自民党・公明党は1回目に通さなかった。もう、政策の中身なんて関係ないんですよ。私の評価に繋がることは、何としてでも阻止しようとしてきた。

それで、2回目は上程すらしてもらえなかったのです。12月に痺れを切らした障害者団体が大挙して公明党に押し掛けました。公明党も選挙があるから、明石市の障害者団体を敵に回すようなことは避けたいということで、不本意ながら賛成に転じたのです。

12月21日、条例が可決され、私が涙を流して障害者の方々と手を繋いでいる写真が出ましたけれど、あれがまた公明党を激怒させた。福祉を謳っていた公明党が、障害者に冷たかったことを証明する形になってしまったので。

――あまり内部の事情は伝わってませんでしたが、公明党とは、それこそ血みどろの闘いを繰り広げていたんですね。

れいわ新選組が伸び悩む理由

政治家には可愛げも必要

――自民党一強と言われるけど、その内実を見れば弱ってきている。しかしそれに対抗する野党第一党の立憲民主党が全く期待できない。そうなってくると、第三極と呼ばれる諸政党に期待するしかない。そこでお聞きしたいのですが、国民民主党はどう見てますか？　ツイッターを見ていると国民民主党には好意的なのかなと。

泉　国民民主党という政党に、とりわけ好意的なわけではないです。子ども施策に共感していただいてますし、実際に所得制限撤廃法案を国会に提出してもらった経緯もあり、お世話にはなっているという感じかな。代表は「コドモノミクス」という言葉を打ち出してますけど、子ども施策に力を入れることは、単なる福祉施策ではなくて、経済政策であるという考えも一致しています。

国政政党として、国民民主党にそうした施策を発信していただくことはありがたいことです。

——玉木雄一郎という政治家はどう見ていますか？

泉　う〜ん、言い方は難しいけど、可愛い人ですよね。可愛さって、結構大事。

明石市に来てもらったときに、あかしこども広場のボールプールに案内したんですよ。彼は、ボールプールに喜んで飛び込んで、満面の笑顔で滑り台も滑り降りてました。そういうところって、好感度が高いですよね。

それから国民民主党の動きを見ていると、どこかと合流して、その他大勢になるよりは、小さい政党であっても存在感を示したいのでしょうね。その存在感が、国民民主党が生き残ることにも繋がっているし。野党系ではなくて、自民党と組むことも選択肢に含めて動いている。イシュー次第では、与党にも影響を及ぼしうる存在ではある。

——彼は元財務官僚でありながら、いい意味でらしくないですよね。足腰も軽いし、今後も注目したい。

共産党は泉市政の味方だった

――共産党に対して、泉さんはどういった評価なのでしょう？

泉　評価って言われても……。よく生き残ってますよねえ。

――明石では、どうなんですか？　泉市政に対する共産党の反応は？

泉　意外に思われるかもしれませんが、実は応援団でした。明石市議会の特徴というか珍しいところなんですが、維新と共産党は私に賛成してくれるんです。

――それは珍しい（笑）。

泉　面白い状況ですよね。

あとは、野党が共産党と共闘したほうが得か損かという議論がよくありますが、有権者を向いているかどうかが全てだと思います。「公明党の票が欲しい」「共産党の票が欲しい」みたいな狭い発想では、国民にそっぽをむかれます。

そうではなくて、国民に語り掛けるスタンスが必要だと思う。そこは共産党がいようがいまいが、別に戦略を大きく変える必要はないんです。

４年前の出直し選挙では、共産党の候補者も出ていたんですよ。結果的に私が勝ちましたが、それでも、その後の議会で、共産党の市議会議員には賛成してもらってました。共産党も、最近は現実的な対応もしています。別に敵でもないし、他の野党が毛嫌いする必要はないと思いますね。

れいわの課題は「個人商店からの脱却」

——新興勢力のれいわ新選組はどういう風に見てますか？

泉 れいわは、いくつも賞賛できるポイントがあります。

やっぱり、たった一人の人間がゼロから立ち上げて、いまや国会議員が8人。短期間で国政政党になり、一定の政治的影響力を行使できることを証明したのは、大きな功績だと思います。加えて、重度の障害当事者の政治参画を実現したのは特筆すべきところ。絵に描いた餅を本当の餅にした行動力はすごい。誰もが「できっこない」と思っていたことをやって見せた点に、政治のダイナミズムを感じました。

ただ残念なのは、障害者参画はいいけど、れいわ支持層が大きく広がっているかというと、若干停滞していると感じます。

——国政選挙に参加してから、ほとんど横這いなんですけれども、伸び悩んでいる原因は、どこにあるんでしょう？

泉 やっぱり、一人のキャラクターに頼っている政党なので。個人商店から抜け切れていないといいますか、そこから先に行ききれてない。維新のように、実績を示せていない部分も弱いでしょうね。

れいわの政策の具体化が明石市だと、たまに言われます。「誰一人取り残さない」「障害当事者を大事にする」という政策や、市民に積極投資をするという手法は、たしかに近い面はあるように思います。

——一番弱いのは、やって見せられない、ということだと思う。野党だし少数政党だから。明石市のようにどこかの自治体で首長を取り、山本太郎さんが思い描く政策を次々に実行してみせることができたら、説得力が増すでしょう。それで、「できるじゃん」ということになると、随分評価は変わってくる気がします。

「首長連合」という新たな可能性

東京23区の首長選がチャンス

——政権奪取という観点でいうと、泉さんもおっしゃるように、どの野党も厳しい。いまの日本社会の閉塞感を打破する可能性があるのは、既成政党以外の新たな勢力かもしれません。そこで私が注目するのは、やはり地域政党です。地方から既成政党とは違った形で勢力を形成して、国政で影響力を行使する、という未来もありうると思うのですが、そうなると明石市の動きは大きな意味を持ってくるでしょう。

泉 地方からの動きという点では、結構マグマが溜まってきていると思います。明石がそのきっかけになれれば、もちろん嬉しい。

たとえば、2022年12月の宮崎県知事選でも、当初はボロ負けと言われた東国原英夫さんが僅差まで持って行きましたよね。

——そうでしたね。たしかに気運の高まりは感じます。1993年の非自民連立政権の誕生では、日本新党を率いて首相になった細川護熙さんは熊本県知事でしたし、新党さきがけを旗揚げして官房長官になった武村正義さんは滋賀県知事でした。地方からうねりが起きると、政治は大きく動きます。泉さんの「明石市民の会」に全国が注目しているのも、地方発の政界再編への期待が高まっているからでしょう。「政治家を引退する」と表明してしまったわけですが、あくまでもひとりのプレイヤーとして、明石を拠点に政界再編・野党再編を仕掛けていくつもりはあるのでしょうか。

泉 今後は、明石でできたことを全国に広げていくことが自分の使命だと思っています。明石市長をやっていると、当然、明石市の市民のため、まちのためというのが第一にきますので、その範囲の中で国や兵庫県に働きかけて、政策を変えていくことはできました。ただ、他の自治体は、直接的に明石市と関係ありませんから。やはり遠慮してしまう部分もあった。

明石市長という立場を離れたわけですので、それこそ、いろいろな自治体の首長選挙で、早い段階から志を同じくする候補者の相談に乗ったりして、次々に引っくりかえしていくことは可能だと思っています。

――「首長連合」のような横の繋がりがリアルに見えてくれば、国民の期待は高まっていくでしょう。それがどう国政に影響を与えるかという時に、おそらく道は二つある。一つは各地に「明石市民の会」のような地域政党が雨後のタケノコのように出現し、それらが緩やかに連携しながら国政政党へ脱皮していくという道。もう一つは国政政党とは距離を置きながら、あくまでも「地域政党連合」として国政にプレッシャーをかけて政策実現を目指す道。国政政党に対して選挙公約に掲げるよう迫る手法もあります。明石市の子育て支援が全国各地の自治体に広がり、岸田政権も「異次元の少子化対策」を掲げるしかなくなったように、国会で過半数をとらなくても政策を実現させる手段はいろいろありそうです。

泉　これまでは市長というプレイヤーだったわけで、表に出て自分の名前を投票用紙に書いてもらう立場でした。でもどっちかというと私は実務家肌で、裏方に回ることも好きなんですよ。明石市でやってきたことをお伝えしたりとか、それを全国に広げていくのに、別に市長の肩書は必要ありませんし、むしろ自由な立場のほうが、身軽に動けるのではないかと思っています。

どんな立場であれ、有権者とともに社会を変えていきたいと考えているので、そのためには有権者の意思を示す選挙で勝つことが何よりも大事。とくに首長選挙で、しっかりと目的を持った人を応援して、各地で引っくりかえしていきたいです。

――泉さんが新たな人材を育てて、強い首長を各地に輩出していく。そうして、地方から国を変えていく。

泉　とくに東京23区とか首都圏の首長選、それに政令市や中核市などの首長選はチャンスだと思っています。ふさわしい候補者がいれば、早い段階で協力して勝利に導く。それはできることだと思っています。

第四章 役所論

私のように自由自在に人事権を行使しようとすると、
副市長が止めに入ります。
そして、多くの市長は副市長に丸め込まれる。
市役所職員は市長を親分とは思っていません。
彼らの親分は副市長なんです。

予算と人事は市長の権限

「お上至上主義」「横並び主義」「前例主義」

――改革派市長にとって、実務を担う市役所職員の協力は不可欠。泉さんが市長に就任した当初、職員たちの反応はどうでしたか？

泉　半端じゃなく大変でしたよ。職員で投票用紙に私の名前を書いた人なんて、ほぼいませんでしたから。シーンと静まり返っていて、みんな腫れ物に触るような感じで。

部長クラスが30人ほど集まる最初の懇親会で、乾杯の音頭を取った市役所の幹部が「みんなー、市長が誰であれ、気にせず頑張ろう！　かんぱーい！」とか言いだして。私が真横にいるのに、ですよ。もう、ビックリしちゃった。すごいとこ来ちゃったなと。

――泉さんが黙ってたとは思えませんが（笑）。

泉　さすがに最初は黙って見てました。「そこまでやるか」って。

――そんな状態で、どんなふうに仕事を始めたのでしょうか。

泉　とにかく最初は、何をやろうとしても「できません」のオンパレードでした。平気でウソつくし。まあ、ウソというか凝り固まった思い込みなんですけどね。

彼らの思い込みは、基本的に3パターンに分類できます。まずは「国の言う通りのことをしなきゃいけない」という思い込み。国が言ってないことは禁止されてると思っている。「お上至上主義」ですね。それから「隣の市ではやっていません」も彼らの常套句。今でこそ明石市が「全国初」となる施策が増えましたが、基本的に役人は他の自治体がやってないことはやったらいけないと思っている。「横並び主義」です。3つ目は「前例主義」。何か変えようとすると、すぐに血相を変えて飛んできて「これまで20年、このやり方でやってきました。変える必要ありません」と言う。そのたびに「時代は変わってるのに、何を20年間同じこと繰り返してんねん」と思いました。

市役所というのは、この3つをほぼ全員が確信的に信じ込んでしまっている組織で、一種の宗教に近い。

――そこに利権が絡んでいる、というわけでもないんですか？

泉　ええ、そういう話とは別に、彼らの行動原理は宗教だと考えるとわかりやすい。役所の人たちはみな、「お上至上主義」「横並び主義」「前例主義」を教義とする宗教の信者なんです。その教義を守り通すことが、公務員の務めだと純粋に信じていて、ある意味、生真面目なんです。

それで、4年に一度の選挙で、たまに変な奴が市長になることもあるけど、市役所という組織は守り通さないといけないと。今の杉並区とかもそんな状況だと思いますよ。想定してなかった市長がくると、完全なお飾りに祭り上げて、役所組織自体は副市長以下で回そうとする。そういう組織の防衛本能がものすごく働くところなんです。

無駄な予算にはハンコを押さないと決めた

――結果的に12年間の任期中に、子ども施策に代表される明石市独自の政策を実現してきたわけですが、どうやって職員のマインドコントロールを解いたのでしょうか。だいたい他の市長さんはそこで躓くと思うのですが。

泉　市長の仕事は大きく分けると三つです。一つ目は「方針決定」で、どの山を登るか大きな方針を決める。二つ目は「人事権」。実際に誰に山を登ってもらうか、決めるということですね。三つ目は「予算編成権」で、その登山にトータルいくら費やすか、ということです。私なりに、もう一つ上げるとするなら、市民への「広報活動」も市長の役目かな。市民とコミュニケーションを取る場所を作ることもできますから、そこで市民の代表としての市長の取り組みを理解してもらうことが大事だと考えていました。

方針とカネとヒトを触れるのが、市長の権限です。当たり前の話ですよね。だけど、実質的には世の中の市長に、この三つの権限はありません。方針決定したくても、カネとヒトが決められなければ、実行に移せない。この三つが揃ってないと何もできないも同然。だからこそ、私は1年目からそこに手を入れ始めました。

私の場合、1年目は予算の削減と、一部の人事にも手を入れました。そこからスタートして、2年目くらいから幹部クラスの人事にも手を出して、3年目から、ようやく自分発信の予算を付けられるようになった。

周りが全員敵で「四面楚歌」状態だろうが、市長にできることはある。非常にシンプルです。回ってきた無駄な予算にハンコを押さない！

——いわゆる拒否権ってやつですね。上がってきた予算を認めない、と。

泉 ええ。これは国も同じなのですが、予算っていうのは基本的に積み上げ方式になっています。明石市でいうと、まず所管の課で予算を固める。それが部に上がり部長が決裁し、部長決裁が集まってくると全体で調整して、最後に市長のところに回ってくる。おそらく全国すべての自治体で、このように予算が決まっているはずです。市長の手元に予算が回ってくる時には、いやぁ〜な空気が漂っています。

――「黙ってハンコ押しなさい」と？

泉　何とも言えない空気感でねぇ。この予算編成のあり方をどうやって変えていくかということに、長年苦労しました。私が新たに予算を組み換えるようになるまで、相当時間がかかりましたが、拒否権を行使して予算を切ることはすぐにできました。

100年に一度の水害に備えて600億円

――具体的に、どんな予算にハンコを押さなかったのですか？

泉　市長になってすぐに、公営住宅の建設を全面的に中止させました。「市長、計画はもうすでに決まっていることですから」と担当はパニックになってましたが、「そんなこと知らんがな」と突っぱねた。

明石市はすでに市営住宅が十分あるし、県営住宅もやたらと多い。人口に比べて、明らかに公営住宅が余っている。なぜさらに増設する必要があるのか、納得のいく説明はありませんでした。当時、空き家バンクなんかも始まっていたから、そういった民間事業に助成したりしながら、すでにある公営住宅を上手く活用したらいいじゃないかと。それで十分間に合う状況だったのです。

あの時の反発はすごかったですけど、「決まったこと」と言われても、予算を決めるのは私ですからね。そんな無駄にお金を回すわけにはいかないので、ゼロにしました。

それから、下水道工事。20年間で600億円費やして下水道を太くする大プロジェクトが決まっていたんですけど、「600億って大きな額やな」と思い、担当を呼んで詳しく聞かせてもらった。担当は「浸水対策のために必要だ」と言うんですが、どんなリスクがあるのか詳細を聞くと「床上浸水してしまうリスクがある」と。「人は死ぬんか？」と聞いたら「人は死なない」と言う。それで、どのくらいの頻度で床上浸水する可能性があるのか聞いたら、「100年に一回」。しかも、対象となる世帯はたった10世帯。

「ちょっと待て」となりますよね。

100年に一度の10世帯のために、600億円かける意味がどこにあるのかと。私の政治信念は「誰一人見捨てない」ですが、この話はそれには当てはまらない。たとえば10世帯分の家を作って、対象世帯に移ってもらう。それが難しければ、その10軒の周辺の下水道をピンポイントで重点化して対策を講じれば、もっと予算削減できるだろうと。それで、600億円の下水道事業を150億円まで削りました。

市長がハンコを押さなければ、できる話なんです。市長が「無駄だ。やらない」と腹を括れば、その瞬間に450億円浮く。

――市長の決断はそれほど大きい。

泉　もともと権限はあるわけですから、覚悟を決めさえすればできます。ただ、下水道事業を大幅に削減した時に、私の自宅ポストには「殺すぞ」とか「天誅下る」と殺害予告が入ってました。そりゃ、450億円分の大仕事が吹き飛ぶわけですから、当然怒る人は出てくるでしょう。「次の選挙で○○の工事を約束しろ」と書かれた紙が回ってくることもありました。まあ、裏で工事を回してくれという話ですわね。

必要なのは「ベター」の検証

泉　本当に市民やまちに必要かどうかではなく、これまで脈々と続いてきた慣習を継続したい勢力が一定数いるんです。それこそ市役所周辺なんか、そういった利権にぶら下がっている連中がウヨウヨしている。彼らが市政を動かしてきた構造に、私は就任1年目からメスを入れました。「要らんやん」と言ってしまった。

ハレーションは生まれましたが、逆に言うと、1年目にして「公営住宅の建設中止」と「下水道事業の縮小」で、一気に予算を抑えた。実際、その瞬間に財源ができたんです。すごく簡単でしょ。このやり方をすれば、全国どの自治体であろうが、一瞬で財源は確保できる。実際、過剰にカネを使っていたので適正化していきました。

郵便はがき

料金受取人払郵便

小石川局承認

1116

差出有効期間
2024年9月9日
まで

112-8731

東京都文京区音羽二丁目
十二番二十一号

講談社
第一事業局企画部
ノンフィクション
編集チーム 行

★この本についてお気づきの点、ご感想などをお教え下さい。
(このハガキに記述していただく内容には、住所、氏名、年齢などの個人情報が含まれています。個人情報保護の観点から、ハガキは通常当出版部内のみで読ませていただきますが、この本の著者に回送することを許諾される場合は下記「許諾する」の欄を丸で囲んで下さい。

このハガキを著者に回送することを　許諾する　・　許諾しない)

TY 000077-2208

愛読者カード

今後の出版企画の参考にいたしたく存じます。ご記入のうえご投函ください（2024年9月9日までは切手不要です）。

お買い上げいただいた書籍の題名

a　ご住所　〒□□□-□□□□

b　お名前《ふりがな》　　c　年齢（　　　）歳

d　性別　1 男性 2 女性

e　ご職業（複数可）　1 学生　2 教職員　3 公務員　4 会社員（事務系）　5 会社員（技術系）　6 エンジニア　7 会社役員　8 団体職員　9 団体役員　10 会社オーナー　11 研究職　12 フリーランス　13 サービス業　14 商工業　15 自営業　16 農林漁業　17 主婦　18 家事手伝い　19 ボランティア　20 無職　21 その他（　　　　）

f　いつもご覧になるテレビ番組、ウェブサイト、ＳＮＳをお教えください。いくつでも。

g　最近おもしろかった本の書名をお教えください。いくつでも。

――1年目から役所と闘ってお金を浮かし、泉さん肝入りの施策が実施できる下地を作ったと。

泉 お金に関する闘いには歴史がありまして。1年目に切ることまではできた。それで、私のところに上がってくる予算自体をなるべく抑えたかった。どうしたかと言うと、各部署ごとに事案の順位を付けてもらうことにしました。必要性と緊急性があるかに応じて、1位から50位くらいまで順位を付けさせた。その順位をもとに市長として私が査定して、優先度が低い案件に関しては問答無用にバッサリ切っていった。

でも、このやり方は失敗でした。結局、公務員目線の優先度というのは、市民目線とは全然違うことがよくわかった。部署として、なんとか通したい予算を私が切ると、違う予算を持ってきてそれを流用するケースまで出てきた。結局、役所という組織の論理が勝ってしまうから、公務員に任せていては、市民のための予算を作るのは難しいと痛感した。査定制度はすぐに撤廃しました。

――失敗を経て、どうやって予算を決めていくことにしたんです？

泉 事業が必要かどうかは、「マスト（Must）」「ベター（Better）」「メイ（May）」「ドント（Don't）」、この4つのどれに該当するかで判断します。絶対しなければいけない「マスト」なのか。したほうがいい「ベター」なのか。してもしなくてもいい「メイ」なのか。してはいけない「ドント」なのか、ということです。

もちろん「ドント」はしてはいけませんし、「マスト」はすぐに始めなきゃいけない。問題は、「ベター」と「メイ」。私の場合、明石市の財政状況を考えると、「メイ」は100%しないと決めていた。してもしなくてもいいことはしないと。

残るは「ベター」です。実はほとんどの事業がここに入ってくる。道路にしたって、新しく作らなくても何とかなってるけど、作らないよりは作ったほうが便利になる。道路が狭いよりは広いほうがそりゃあ便利だし、汚いより綺麗なほうが快適です。「でも、それって本当に要りますか?」という「ベター」の検証が必要になってきます。

代替手段はないか。緊急性はどの程度か。コストはバランスが取れているか。この3つの基準で精査していくことにしました。

国土交通省はコスト感覚ゼロ

——なるほど。さきほどの例でいうと、600億円かかる下水道の工事は「ベター」で、代替手段があると判断したわけですね。10軒の家の浸水は、他の方法で対応すればよいと。

泉　その通りです。「ベター」をきちんと検証すれば、実はかなり予算が圧縮できるんです。

ところが、国交省なんかは単なる「ベター」ばかりを推したがる。「作らないよりは作ったほうがいいもの」をどんどん作ろうとするでしょ。

たとえば、何年かに一度「一軒の家が救われました」という自慢話をメディアを使ってするんだけど、山崩れ対策の砂防に何十億もかけてるわけです。それによって、時折、山奥の小屋一軒が土砂崩れから守られる。「一軒の小屋にそんだけお金使うて、全然割に合ってないやん」と思うわけですよ。「国民の財産を守りました」としたり顔されても、「たしかに狭い範囲だとその通りだけど、どんなコスト感覚してるねん」という話でしょ。その危ない小屋に住んでる方に別の場所に移ってもらえば終わる話です。

彼らの本音はね。その一軒の小屋を守ることなんかじゃなく、これまで自分たちが絡んできた事業者への支援なんです。自分らの権益確保が本音ですわ。そういう省庁の連中が持ち出してくる過去のグラフが面白いのは、全部右肩上がりなんですよね。まあ、民主党政権下ではいったん落ち込むのですが、それ以降、ずっと右肩上がりになってる。

彼らからすると、右肩上がりが正義なんです。自分たちが所管している部なり課の業績・成果、つまり使った金額を、いかに右肩上がりに見せるか、それを同じ局内で競争してるんですわ。

国交省でいうと、河川・災害・砂防なんかの間で争ってる。「向こうは何パーセント増えた。うちももっと増やさないと。『国土強靭化』だ。えいえいおー！」とか、永遠にやり続けてるんです。「本当に愚かだなぁ」とため息が出ますけど、彼らに悪意はない。ずーっとそういうルールでやってきて感覚がマヒしてるんです。

うるさがられるのは覚悟の上で、「そのために、ナンボ税金使ってるねん」と言い続ける人が必要だと思います。そんなことばっかりやってたら、そら金なくなりますよ。

はっきり言って、国交省の予算なんて半減したところで誰も困らないと思う。「誰も」というのは国民ね。利権に群がってる業界団体とか建設会社なんかは困るでしょうけど。いまも漫然と作り続けている砂防とか堤防を、代替手段に替えていくだけで、莫大な金額の無駄を浮かすことができる。

——普通の感覚では、小屋一軒守るために何十億もかけるというのはあり得ない話。それを東大出身の官僚たちが、「自分たちは良いことをやってるんだ」と思ってることが絶望的です。私も新聞記者になった最初の頃は「嘘だろ」と疑ってましたが、取材してみると、意外とマジで「いいことしてる」と思ってるんですよね。

泉 役人にはコスト感覚のコの字もありません。ホンマに親方日の丸なんです。

前例主義はトップダウンで打破した

――では次に、「前例主義」をどう打破したかに移りましょう。明石市では、子ども施策に代表される独自の施策が多いわけですが、泉さんが就任されるまでなかった予算になります。この前例のない予算は、どういう手順で決めたのですか？

泉　浮かしたカネを、今度はどうやって新たな事案に回したか、という話ですね。そういった事案については、待ってても部署から上がってくることはありませんので、予算も含めて具体的に私が決めるんです。「私が言う通りやって」と。

――直球だ（笑）。

泉　シンプルでしょ。このやり方で、２０１３年に中学生までの子ども医療費の完全無償化を実現しました。

収入も税収も、財政って波がありますよね。毎年同じではない。なので、「来年は10億円税収が減ったと思って、その10億円を私にちょうだい」と頼みました。トータルの年間予算から10億円減らして計算させておいて、その10億円で子どもの医療費無償化に充てました。

実際、財政部門には優秀な人が多いから、収入が10億円減ったとなったら、10億円ないなりに、うまいことやりくりしてくれるんです。国の交付金なんかいい加減で、直前になるまでいくら入るかわかりませんからね。こうした事業に、国から金が降ってくる可能性もありますが、いくら来るのか最後まで計算できません。だから、あったらあったなりに、ないならないなりに調整するしかない。

そこは、市長のワガママで押し通したほうがいいんです。逆に、そこで市役所という組織や業界団体なんかに気を使ってしまうと、その後も市民のための予算にシフトすることはできなくなる。

――予算に関してはトップダウンが重要だと。

泉　所得制限なしで18歳までの子ども全員への給付を表明した東京都知事も同じでしょ。結局、トップがやると決めれば、できるんです。予算のパッケージが一つにまとまってるので、地方自治体は比較的やりやすいとも言えます。国の場合、各省庁に分かれているから少しやっかいなのですが、基本的には同じ。夏ごろに各省庁ごとに概算要求して調整していって、12月に財務省と折衝して予算を固め、年を越してから決定するという流れになってますよね。

そこを触れるのは総理大臣だけです。だからこそ、たとえば首相が「子ども予算を倍増する」と決めれば、予算は作れる。それを前提に財務省が調整していくだけですから。仮に、その総理大臣の決断に刃向かったとしたら、いまは総理大臣に人事権がありますから、財務大臣も事務次官も代えることができる。

――総理大臣の人事権に対抗する各省庁の強力な武器が「リーク」です。役人は膨大な情報を持っている。それをマスコミにリークして政治家をスキャンダルで追い込むのはお家芸ですね。特に財務省は税金や予算をめぐる情報の宝庫です。増税に抵抗する政権をあの手この手でつぶそうとする。警察や検察は捜査権限を持っているから、情報を収集してマスコミにリークし、世論を操作することはお手のものです。

泉　市の職員だって、リークしますよ。私、何度も食らってますから（笑）。そこはおんなじです。

――そうでしたね、説得力があります（笑）。

「市長に人事権はない」と言われて

――就任してから徐々に手を付けていったという、役所の人事に関しては？

泉　就任直後、ご丁寧に「市長には人事権がない」というレクチャーを受けました。唖然としてしまいましたけど、どういうことかと言うと、ほとんどの人事が既定路線なんです。たとえば明石市の場合、土建系の3職種は、それぞれの職種ごとに年功序列で人事が決まってました。何歳になったら次長、何歳になったら部長とね。優秀かどうかに関係なく、綺麗に縦のラインが存在する。それから、公明党が指名する枠があったりもした。「まだそんなことやってんのか」とぶったまげましたけど、「そこを市長が触ったら、大変なことが起こります。実質的に（市長に）人事権なんかほとんどないんです」と一生懸命説明された。

まあ、いきなり無視しましたけどね。ハレーションは半端じゃなかった。「優秀かどうか」が大事なのに、自動的に部長になられたら困りますから。

私が心がけたのは、「適時適材適所」の人事です。市役所職員になられる方は、ベースとしての事務処理能力が高い方が多いですから、そういう意味ではベーシックな仕事はできるし、心ある方もいる。しかし、全員がそうではない。そういう意味で、心があり、やる気がある者を適材適所に持っていく。

適材適所に適時が加わるのは、その時その時で必要な人材や人数が変わってくるから。通例4月1日にしかやらない人事異動を状況に応じてやっていった結果、コロナ禍の２０２１年度は合計27回も人事異動をしました。バレーボールのように、ぐるぐるポジションを回しながらやりくりしていく、というイメージです。

――年に27回の人事異動って、聞いたことがないのですが、これをやっている自治体は他

にないですよね？

泉　私も聞いたことありません。普通1回、やって数回くらいかな。

他の市長から「泉さんはいいね、人事権が行使できて」とよく言われました。全国の市長の悩みは、人事権が行使できないこと。役所を束ねる上で一番重要な人事権を剝奪されている状況なんです。

明石市の場合、就任当初2200人いた正規職員を、人件費を抑制する意味合いで、いっとき2000人ぐらいまで減らしました。団塊世代が多かったので、退職補充を控える形で人数を抑えていった。ただ、私は公務員を減らせばいいと考えているわけではありません。諸外国と比べたら、日本は公務員が少なすぎるぐらいです。

必要かわからないような部署の人員はどんどん削減して、消防や児童相談所なんかは増やしました。火事や事故などに対する安全対策、児童虐待防止といった福祉事業には人手が必要ですから、国の基準を上回る職員を配置しています。

加えて、専門職員を増やすため、専門性の高い非正規職員を正規化していきました。たとえば、DV相談員は、他の自治体だと年収200万〜250万円で働いています。社会に必要で、なおかつ専門性の高い仕事を年間200万〜250万円で、しかも非正規という身分が不安定な状態でこき使うのは間違ってる。明石市では年収700万円で全国公募して、首都圏で第一人者と言われた方々が明石に引っ越してきています。
手話通訳士も同じです。手話通訳士は、全国の自治体には平均0～1人しかいない状況ですが、明石市には職員として7人常駐しています。このように、専門性を加味した上で待遇を改善して、市民の暮らしに関わる職員はどんどん増やしていってる状況です。ただ、「全部一気に」というわけにはいきません。いまも過渡期なのです。

市役所のドン・副市長という存在

市職員の親分は市長ではなく副市長

――他の市長が人事権を羨ましがっているという話ですが、これだけ泉さんが人事権を使っているんだから、他の市長もそうすればいいのにと思ってしまいます。それが難しいのはなぜです?

泉　仮に、私のように必要な施策のために自由自在に人事権を行使しようとすると、副市長が止めに入ります。そして、多くの市長は、副市長に丸め込まれるんでしょうね。
副市長がどんな存在かというと、私の考えでは職員の代表です。市民に選ばれた市長は、当然、市民の代表。だけど、副市長が誰を守るかというと、職員を守る。

　加えて、議会の関係で言うと、緊張関係にある議会と市長の中間に立つのが副市長。役所も議会も、キーになるのは副市長なんです。私の場合、最初の1年間は副市長が決まらず、やたら議会が「早く副市長を選べ」と言ってきました。副市長は議会の味方であり代弁者だと、彼らは思っているわけです。副市長が就いた後は「お前ら（副市長）が市長を止めろ」と、ずっと言ってましたから。議会からすると、副市長は自分たちの子分のような感覚。役所職員からすると自分たちの親分が副市長。

　ですから、公務員の話に戻すと、市役所職員は市長を親分と思っていません。彼らの親分は副市長なんです。


——副市長は、立場的には通常の公務員なんでしたっけ？


泉　いえ、特別職で、いったん公務員を辞めるんです。いったん辞めて退職金をもらってから、副市長に就任するという形になっています。

　基本的には実務能力が高く、役所内での人望がある方が就くべきです。私が市長になったとき、部長クラス30人ぐらいに、誰が適任か個別ヒアリングを実施しました。最も人気の高かった2人にお願いしたのですが断られ、1年間は空いたままでした。

　私のこんなキャラクターを受け止めつつ、役所内をしっかりと掌握できる人がいいと思って、外部登用ではなくて、内部を統制できる人間が2人は必要だと考え、一貫して副市長人事をやってきました。ただ、副市長の「人望がある」というのは、自分たち（市役所職員）のことを見てくれるということを意味します。繰り返しになりますが、職員たちの頼みの綱が副市長ということなので。

役所内の全スキャンダルを握る人事系副市長

泉 さっきの話でいうと、職員は人事異動なんて嫌なんですよ。たまに移りたがってる人もいますけど、基本的には「え、来週から？」って感じになりますから。喜ぶ人が多いはずはない。誰かが行きたいと希望しても、別の者がその穴を埋めなきゃいけなかったりするから、全員納得の人事異動なんて難しいですしね。役所内のフラストレーションを溜めないように配慮するなら、人事異動は年に1回になるでしょうし、明石市の場合、技術系の方々の支持を得るにはプラスしてそこにも配慮せなあかん。

私は適正人事を心がけてましたけど、それこそ4年前の不祥事で私はいったん辞職した。出直し選挙を経て市長に戻ってきたとき、副市長に言われたのが「市長、技術系が収まらない」と。技術系が反旗を翻して、情報をリークした経緯があるわけですから、彼らは泉が戻ってきて怒り心頭であると同時に、恐れてもいるわけです。「彼らを収めるために、技術系の部長を増やしてくれないか」と副市長に言われ、私はそれを飲みました。そのときは、そうせざるをえない状況だったのです。

――他の市長に事実上人事権がないというのは、泉さんが受けたような攻撃を恐れているから行使できない、ということ？

泉 実際には、そこまで行く手前で折れる。やっぱり副市長の言うことには従っておこうとなるんです。市長になったばかりで自信もないし、情報もないし、わからないわけですよ。「副市長に従ったほうが無難だ」とほぼ全員が思ってしまうのです。

――まだ自分で判断するのは危険だから、役所のことをよく知っている副市長に乗っかっておこうと。

泉 入ったばかりの役所で、部長クラスだけと言われたとしても、人となりなんてわかりませんやん。12年、市長を務めた私だって、いまだに市の職員の半分もわからない。

副市長には、大抵人事畑から一人なる。30歳ぐらいから人事を10～20年やってきて、役所内全員のスキャンダルなんかを把握しているわけです。お金を横領したとか、愛人がいたとか結構あるんですよ。副市長は、10～20年の蓄積された人事情報を持っているわけです。それも含めて組織を押さえている。「今回はお前の部署から一人くれ。今度戻すから」とやってるわけです。そういう人間が、通常副市長の中でも取りまとめ役になります。もう一人が多くの場合、土木系です。うちの場合は、もう一人が福祉系だったりするんですけど、福祉系は珍しい。通常は人事中枢系と、いわゆるハード整備系が多いです。

子ども施策のエースを副市長に抜擢

――なったばかりの市長は、職員のキャラクターも摑めないし、ハードはハードで専門性が高く難しい。結果的に、副市長の言いなりに人事権を手放してしまうのですね。

泉　副市長と喧嘩するのは、なかなか普通の市長にはできませんよ。

「市長に従っていたら副市長の意味がない」と豪語する副市長もいたりします。つまり、彼らの中では副市長のほうが市長より上なんです。ほとんどの自治体は、副市長が実権を握っている。4年ごとに替わる市長は、言ってみれば挨拶要員みたいなもの。

――国政で言うと大臣と事務次官の関係に似ていますね。実質の人事権は事務次官が握っている。

泉　そうそう！　事務次官が副市長で、大臣が市長なんです。たまたま選挙で選ばれた国会議員が大臣をやっているけれど、「渡した挨拶原稿を読んどけ」ということです。どうせ中身はわからんだろうと。ところが、今回通ってしまった泉大臣は事務次官をすっ飛ばして人事を始めたという話です。

――信頼できる副市長と巡り会えるかが、かなり大きいですね。

泉　そういう意味では、「お前が言うな」と言われそうだけど、基本的に良い副市長に恵まれたと思ってるんです。最終盤で副市長２人が辞める形になりましたが、巷で言われているような確執ではない。副市長としては「議会と調整したほうが市長にとっても得策だ」という判断だったのですが、ゴールが決まっている私からすると、別に長期政権を敷くわけでもないので、とにかく最後まで走りきりたかった。そこが相容れなかったのです。

その後、副市長になってもらった一人は女性で、私が市長になって最初に子ども部長に指名した方です。当時50歳で、部長としては異例の若さだったのですが、彼女が適任だと判断しました。「これから10年かけて子どもに優しいまちにしたいから、ぜひ部長になってください」とお願いしたんです。

――彼女がずっと子育て政策を引っ張っていたんだ。

泉　それこそ、おむつの宅配とか、明石市の子ども施策はほとんど彼女が制度設計していった。私と一緒に明石の子ども施策をやってきた実績があるからこそ、彼女に副市長をお願いしたんです。

霞が関キャリア官僚の残念すぎる正体

財務官僚は国民のことなど考えていない

――市役所内での闘争について聞いてきましたが、それこそ、子ども施策なんかを実施する際には厚労省との折衝も多かったと思います。役所論ということで、中央省庁の官僚は、泉さんの目にどう映っていますか？

泉　その前に公務員という存在について、いったん整理しますね。

何度も繰り返して恐縮ですが、市民に選ばれる市長は、市民の代表です。市議会議員も市民の代表とは言われるけど、現実には一部市民の代表だと考えています。これは必ずしも悪い意味だけではなく、少数者の意見の反映は多様性を担保する機能もありますので、民主主義の中では一定の意味があることだと思います。

それを前提にすると、公務員や官僚というのは、民主主義の反映ではないんです。つまり、選挙で選ばれておらず、いわゆる就職のような形で役所に入ってくるわけで、そこに民意とか市民・国民に対する責任は発生していない。

市長という立場からすると、公務員は全くの別人種です。にもかかわらず、マスコミや学者は、あたかも中央省庁の官僚が正しくて、とりわけ財務省が賢い、そして、彼らは国民のため、日本という国の未来を考えている、という情報を垂れ流しますよね。「賢くて国民思いの官僚が決めたことを、市長や政治家は、ただ追認すればいいのだ」と。その風潮に、強い違和感があります。

何度も言っているように、中央省庁の官僚はそれほど賢くないし、市民・国民のことを本気で考えているわけでもない。悲しいけど、そこをちゃんと受け止める必要があります。財務省に任せていたら日本がよくなるというのは、完全な幻想です。実際、この数十年の日本がそれを証明しているでしょう。

財務省に限らず、役所はまさに絵に描いたような縦割り組織です。自分の省庁や部署の業績、自分の先輩後輩の縦ラインの維持、保身がものすごく強い動機になっている人種なのです。「10年に一人の逸材」と言われるような官僚とも飲んでましたが、たしかに官僚としては優秀かもしれませんが、国民目線ではない。だから、軽々しく国民負担と言えてしまうんです。国民負担を増やすことによって子ども予算を確保するなんて、当たり前すぎて誰でもできることです。そんなん賢い人のすることちゃいますよ。国民負担を増やさずに、子ども予算を実現させるのが、本当に賢い官僚の考えることでしょう。結局は厚労省という役所の論理から抜け出ることができないんです。

国民が厳しい生活状況に直面しているいま、民意を政策に反映するのが政治家の仕事。「前例主義」を信奉している役人は、いつだってこれまでと同じ予算配分を望みます。どこかのお金を減らして持ってくるなんて発想は、はなからない。だから、これまでと違うことをしようとすると、増税とか保険料の上乗せという発想にしかならないのです。

コロナがそんな役人の弱さを白日の下に晒しましたよね。中央省庁の官僚って過去問ばっかり解く人生を送っているから、コロナのような新しい事態に見舞われたら、なにもできない。お手上げになってしまう。

商店街のおやじのほうがよほど正しい

――たしかに、中央省庁のコロナ対応は最悪でした。逆に、市町村などの自治体のほうが、右往左往する中央省庁に見切りをつけて、手早く対策を講じていた。

泉 私は、国なんか答えを持っているわけないとわかっているから、街に出て商店街のおやじに「どうですか、大変ですか?」と聞きました。「大変やわ……市長、テナント料払われへんねや。見てや、ガラガラや! 先月払っていないし、今月も払えそうもないし、2ヵ月払われへんかったら、終わりやぁ。市長さんにこんなこと言うてもしょうがないけどな」「それからうちのパートさんなぁ、ひとり親家庭で苦労してる。そっちのほうはなんとかしたってよ」と言うから、「わかりました。両方ともやりますから！」言うて。４月10日に話を聞いて、４月24日には各テナントに１００万円貸付け、その後ひとり親家庭に５万円給付しました。

答えは官僚ではなくて、市民の顔に書いてある。市民の声が答えなんです。県や市の職員にも同じことが言えるのですが、見るべきは県民・市民です。なのに、みんな中央の顔色ばかり窺う。中央省庁の中でも、とくに財務省の主計局ばかり見る。でも、本当は張りぼてですよ。なんもない。開けてみたら空っぽです。

——偏差値偏重主義の悪い部分がモロに露呈しているのが官僚崇拝です。

泉　「官僚が賢くて、国民のことを考えている」なんてフィクション。

——日本の政治を変えるスタートは、そこの誤解を解くことから始まるかもしれません。

泉　国民の生活を守るためには、国民の民意を受けた政治家が予算配分という権限を行使して、中央省庁の官僚と闘う必要があると痛感しています。

——なぜ、日本において官僚が、あれほど偉そうなのか歴史的な背景を考えてみますと、明治憲法下では公務員や官僚は、天皇に仕える人々だったわけです。当時、日本は天皇主権の国で、最高権力者は天皇でした。議員は一般市民・国民の代表で、公務員は天皇の奉仕者。つまり、公務員のほうが議員より身分が高かったんですね。

それが戦後、日本国憲法が制定され、国民主権に切り替わった。国家公務員は戦後憲法のもとで「天皇の奉仕者」ではなく「国民全体の奉仕者」に切り替わったのに、エリート官僚たちの意識は変わらなかった。国務大臣に加え、検事総長や各国大使らは今なお天皇に認証されています。各省庁で出世階段を駆け上り、退職後に天皇から叙勲・褒章を授与されることを官僚人生の到達点と考える者は少なくありません。天皇に任命される文化が残ってしまったんです。戦後日本の政策を実質的に作ってきたのはキャリア官僚で、彼らの中には、民意＝国会が国権の最高機関だというのは形だけで、「天皇に仕える俺たちが国家の中枢なのだ」「議員は国民のガス抜き程度だ」という感覚がずっと続いてきた。

それが大きく崩れたのが１９９０年代。いわゆる「ノーパンしゃぶしゃぶ」接待事件で、財務省（旧大蔵省）のエリート官僚のスキャンダルが暴かれ、官僚神話が崩れたかに見えました。その流れから、２００９年に民主党政権が樹立するまで、官僚支配をどう克服するのかが日本の政治の大きなテーマの一つになっていました。

日本の戦後政治は財務省と厚労省の戦いの歴史

泉　国会議員時代、福祉関係の政策を重視していましたので、厚労省と仕事することが多かったですし、当然、財務省からもいろいろな情報が私の耳に入ってくる。話を聞くうちに、自分の中で整理できました。あくまで私の見立てですが、戦後日本の政治史というのは、ある意味、財務省と厚労省の戦いの歴史だったんじゃないかと思います。

財務省はとにかく、税金を上げたい。だから消費税を導入したい。導入できたら、今度は税率を上げたい。保険なんて導入させたくない。なぜなら、保険制度は厚生労働省の管轄で、別のポケットなんですよね。財務省を通らないカネの動きではなくて、全て財務省を通る形でカネを牛耳りたい。だから、「保険ノー」「税金イエス」なんです。私が国会議員だった2003年時点でも、財務官僚の友達に聞いたら「基本的に（消費税を）19％まで上げることになっている」と言っていた。まだ5％の時代でしたから、「え、そうなの？」と聞いたら「そうですよ」と当たり前のように答えていた。そこで、消費税がそういう方針なら保険はどうなるか聞くと、「財務省に入れなかった、賢くもない厚労省の官僚に何ができる？」と言うわけですよ。

彼らからしたら、明らかに厚労省の官僚は二つぐらい下の位置付けなんです。全然、対等ではない。「賢くない連中に金なんか持たしてもあかん。ワシらが金を持ってないとあかん」とはっきり言うんです。

それで、厚労省の官僚に聞くと「財務省には心がない。賢いかもしらんが、あいつら国民のことも福祉も、何も考えてない。あんなもんに任しても福祉は回らないから、自分たちが頑張らなあかん。だから介護保険制度」ということで、２０００年に介護保険制度を作ることになる。

その過程で、両方がスキャンダル合戦をしたわけです。財務官僚のスキャンダルは「ノーパンしゃぶしゃぶ」です。厚労省は、元事務次官が不正で捕まった一件（１９９６年12月、元事務次官の岡光序治氏が収賄罪で逮捕された）。当然、両方リークで、潰し合っていた。

１９９０年代は財務官僚の不祥事が続いたので、その隙に厚労省が介護保険制度を２０００年４月にスタートした。あのとき夢のような制度だと見せかけてましたけど、あんなのウソです。私からすれば、介護保険制度なんてスタートしたときから死んでいるロクでもない制度です。

――それは、なぜです？

泉　40歳以上からしかお金を取らずに、しかも「要支援１」「要支援２」まで対象に入れて、全く数字が合ってないからです。制度設計の瞬間から破綻している。だから、介護保険料はその後2倍、3倍と上がっていったでしょ。初めから、年々コストが上がっていくことはわかっていたんです。

つまり、スタートしたときから国民の首を絞めることがわかってやっている。案の定、介護保険はまともに機能せず、今度は財務省が巻き返して不透明な年金の問題など、厚労省のスキャンダルを流しまくった。

厚労省の動きを止めて、そこに民主党政権下での消費増税路線に走っていった。そういった省庁間の争いの延長線上に消費増税があること自体、大問題だと思いますが、財務省も厚労省も、国民のことなんか何も考えてませんよ。

夢中になってケンカし続けているけれど、両方、国民のほうに刃を向けていて、片方が税金を上げる、片方は社会保険を上げる。その結果、30年間給料が上がっていないのに、消費税は上がり、介護保険料も上がる。生活がやっていけなくなっている。

民主党政権は官僚とケンカして崩壊した、という大ウソ

——わかりやすい話ですね。財務省と厚労省が、国民のことなんかお構いなしに紅組と白組に分かれて戦い続けていると。それぞれに応援団がいて、マスコミも財務省担当記者と厚労省担当記者が、お互い批判合戦をする。議員も、それぞれの族議員が応援する。分捕り合戦に巻き込まれた国民の負担だけが増えていく……。なんとも末期的な現状ですが、2009年に政権を取った民主党の責任も重大だと思います。

アメリカでは、共和党と民主党が政権を取るたびに、高級官僚も総入れ替えします。民主党も政権交代前には、アメリカ型の政治任用にならって「政権を取ったら局長以上は一度辞表を提出させて任命し直す」と言っていたんです。首相が交代しても官僚人事は変わらず、旧来の政策が維持されてきた日本の政治が大きく変わるかもしれないと私は期待していました。

ところが、いざ民主党が政権を取ったら、アッという間に財務省にやられてしまった。官僚の言いなりで、官僚の人事に手出しできなかった。

泉　むしろ、その後の安倍政権のほうが、官僚人事に手を突っ込んで求心力を高めることに成功しました。

――ええ。民主党政権が失敗した背景には、小沢一郎・鳩山由紀夫ラインと、菅直人・野田佳彦ラインの党内権力闘争がありました。菅・野田ラインは小沢・鳩山ラインを封じ込めるために、最強官庁の財務省と組んだのです。その代わりに財務省の悲願である消費税増税を受け入れました。

財務省は菅・野田ラインにつく議員をさまざまな形で支援し、小沢・鳩山ラインにつく議員には冷たく接しました。この結果、菅・野田ラインが勝勢になり、小沢・鳩山は失脚して、財務省の影響下にある菅内閣・野田内閣が成立します。民主党が政権交代前に掲げた「国民の生活が第一」は色あせ、公約に掲げていなかった消費税増税を打ち出し、国民世論とどんどんかけ離れていきました。

いまの立憲民主党を主導する岡田克也幹事長、枝野幸男前代表、安住淳国会対策委員長らはいずれも菅・野田ラインに身を置いた政治家です。彼らは民主党政権が失敗した理由を「官僚と激突して混乱を招いたから」と総括していますが、この総括自体が間違っているのです。本当の理由は「財務省支配に屈して国民世論とかけ離れたから」なのです。

立憲が民主党政権の失敗を正しく総括していないことは歴史的重罪です。この誤りを認めて総括をやり直さない限り、立憲が国民の期待を取り戻すことは不可能でしょう。民主党政権が崩壊した後、「自民一強」が続いているのは、民主党政権が官僚に丸め込まれたという歴史的事実から目を背け、当時の菅・野田ラインに身を置いた立憲幹部たちがいまだに財務省と組んで自らの影響力を残そうとしているからです。

泉さんは、政治と官僚の関係をどう受け止めておられますか?

泉　「お上意識」がやたら強い日本は、結局「役人天国」だし「官僚主導」なんです。その実体は、戦前から基本的に変わっていない。さっきの話で言うと、結果的に官房長官だった菅義偉さんが人事権を握ってから、ようやく変わり始めた。

ただし、官邸主導になったら良くなるかと思ったら、今度は政治家が私利私欲に走り、もっとひどい状況を生み出してしまった。その結果、モリカケ問題や、その後の財務省の公文書改竄という、最悪の状況が出現したので、そこは悲しいところだと思います。

安倍・菅政権は官僚パラダイスだった

――よく安倍・菅政権で、官僚主導から政治主導になったと言われますが、私の取材では、実はそうでもない。官僚はみな「安倍さんや菅さんが望む餌《エサ》だけ渡すんです」と言っていました。

たとえば、加計学園の獣医学部創設。これ、官僚として当然認めたくはなかったんだけど、「そんなに安倍さんが興味あるなら、それだけ差し出す」と。そうしておけば、安倍さんも菅さんも、役所の権益の中にそれ以上は入ってこない。むしろ、安倍・菅という強力な政権のもとで、役所はおいしい餌だけを与えて、あとはやりたい放題だったという話です。実際、天下りも増えたし、予算も拡大した。「安倍・菅政権は、実は官僚パラダイスだった」と、キャリア官僚たちは言っています。

森友学園問題で公文書改竄を指示した財務省の佐川宣寿理財局長（当時）について、裁判所は佐川氏が改竄を主導したという事実を認めながら、個人の法的責任は問わないという判決を下しました。民間企業で文書を改竄したら間違いなく逮捕・起訴されて有罪ですよ。公務員が公務で行った改竄なら法的責任を問わないというのは、官尊民卑そのもの。あり得ない判決です。

司法までこのような姿勢だから、官僚のモラル崩壊が止まらない。東京五輪汚職にしろ、東京地検特捜部が逮捕・起訴するのは民間人ばかり。政治家や官僚は見逃すんですよ。警察も検察も裁判所も所詮は官僚。仲間意識が強くて政治家や官僚に甘い体質があるんです。

泉 日本の最高裁もぶっちゃけた話、自民党と調整して判決を出している。「司法の独立」というのはタテマエで、常に適正な判決を下しているわけじゃないんです。当然、最高裁の事務方が国会対策をして、その調整の上で判決を下していて、違憲状態とも言える微妙なことをしている。最高裁とはいえ、自民党が強い状況が続くと読んだらべったりつくんです。そこを、日本のメディアもちゃんと書かないと。アメリカのメディアは「共和党系の最高裁判事」と書いてますよ。

今の最高裁判事にしたって、森友・加計の顧問弁護士がなっているわけでしょ。本当は日弁連が推薦した方がいたのに断られたんです。その結果、安倍さんの側近が最高裁の判事になってるわけですから、日本だって、トランプ元大統領が自分の気に入った人間を最高裁判事に起用してるのと、何も変わらない。

——日本の場合、アメリカと違って滅多に政権交代が起こりませんからね。最高裁も省庁も自民党にさえ根回ししておけばいい。自民党にだけぺこぺこしていれば、組織は安泰です。

役人目線で見ると、永遠に自民党政権が続くようだと、自民党の政治家に睨まれたら役人人生が終わってしまう。だから、自民党に気に入られるためにウソをつくし、隠蔽することになるわけで、役人のモラル崩壊もつまるところ、政権交代が起こらないことに起因していると言えるでしょう。

泉　そういう意味では、韓国がわかりやすいですよね。韓国は大統領の任期を終えたら、ほぼみんな逮捕か自殺かで、毎回大変ですやん。あれって、韓国が異常なのではなくて、おそらく日本も中身は一緒なんです。韓国は大統領制で割と頻繁に政権が切り替わるから、それまでの不正が発覚する。日本は滅多に政権が代わらないから、どんな不正があっても隠され続ける。表に出るか出ないかの違いだけだと思います。

都道府県なんてもういらない！

不要どころか害悪

——市役所、中央省庁と来ましたので、その流れで都道府県庁についても聞かせてください。泉さんは「都道府県庁不要論者」です。

泉　はい、私の持論です。都道府県は不要どころか有害です。

多くの諸外国も同様ですが、日本の江戸時代は、徳川幕府と藩で成り立っていました。現代は、世界と付き合いがあるから、国家には外交とか貿易とかの役割があるという前提でいくと、あとは国民の生活をどうするかです。歴史的にも、この二つには役割があります。

——行政単位としては、国と市だけで十分だと。

泉　もう一個、「県」が間に入る必要があるかということについては、実は時代状況で変わると思っていて、選択制にすべきだと思います。明治維新のときに、近代国家として生まれ変わるために、都道府県制度を採用しましたよね。理由は簡単です。当時、7万近い数の小さな町や村が散らばっている状況で、国家が全ての自治体に連絡して、意思を統一することは不可能だった。

　近代化を進めるうえで、全国統一のルールが必要だったのです。たとえば教育制度を一気に浸透させるなど、全国一律の制度設計が必要だった。国と市町村だけでは、効率が悪い。また、鉄道や港湾を含んだ、いわゆる広域ハード面の整備が急務でした。この二つの強い必要性に基づいて、国家が全国一律にハード整備することを考えると、中間管理職の都道府県が不可欠で、スムーズな上意下達の仕組みとしての合理性がありました。

　しかし、もはや全国一律という時代は終わっている。いまはむしろ、地方特性に応じたまちづくりが必要になっています。ハード整備はほぼ終わっていて、むしろソフト中心に移行している。

　こういったことを考えると、都道府県は歴史的使命を終えていると思います。そして、都道府県がなくなれば、一気にコストが浮きますよ。無駄もなくなる。

――意味合いとしては都道府県を廃止して、予算も全て市町村に振り分けてしまえば、かなり現場に近いところで的確に予算を使うことができるという主張ですね。

泉　県庁職員が市で働けば、人材も有効に活用できる。ヒトもカネもスピードも変わります。

維新の都構想のおかしなところ

――それいいな。地方自治法を改正すれば、法的にも可能ですか。

泉　実はこれ、市長になった直後から言ってるんです。私が市長になった２０１１年当時、大阪府知事だった橋下徹くんが道州制の議論を巻き起こした時に、全国市長会の一員として地方制度調査会に参加し、提案しました。

いまの市を、３００ほどの人口20万〜60万くらいまでの単位に置き換え、そこに権限と責任と財源を付与していく。道州制と呼ぶのか、広域連合と呼ぶのかはさておき、行政体としての都道府県はもう閉じてしまったらいいんじゃないかと。

――今の小選挙区単位くらいのイメージですね。維新の都構想と反対ベクトルで面白い。

泉　いや、実は当初、橋下くんが提案していた都構想は、私の考えに近いんです。橋下くんは大阪都を作って、中核市並みの権限を全ての市に降ろそうとしていた。彼は、より小さな行政単位に権限委譲をしようとしていたんです。

実際、彼はそれまで都道府県が持っていた教員人事権を、３市２町に降ろしました。自分の権力の源泉たる人事権を、市に渡すなんて、ほとんどの知事は考えもしません。知事が、選挙で連合に応援してもらったら、ポスターを貼るのは日教組です。全国津々浦々に学校があり、そこに先生がいて、日教組の網が張り巡らされているから、どんな過疎地でもポスターが貼れるんです。だから、学校の人事権を持っている知事は選挙がしやすいんです。でも、橋下くんは自分の持っている権限を市に委譲した、全国唯一の知事です。私も権限委譲の一点において、彼の唱える大阪都構想に賛同してました。

――でも、いまの維新の都構想は、大阪市の権限を都に引き上げるイメージです。なぜ全く逆のベクトルになってしまったんですか？

泉　いまの大阪都構想は小さい行政単位から巻き上げて、大阪都の言うことを聞かせるという発想ですから真逆です。ひっくり返ってしまったんです。

――吉村府知事の政治理念は、橋下さんとは真逆ということ？

泉　吉村さんの政治理念については、詳しくは知りませんけど、少なくとも橋下くんとは違うということでしょう。

明石市は「下への権限委譲」をすでにやっている

泉　１９９０年代に進んだ地方分権改革で、地方自治体と国は対等な立場であると法的に認められ、市民から一番遠い国家が権限を握っている時代から、地方に権限が移ってきました。でも、まだほとんどの権限は都道府県止まりです。

それを、「せめて市に」。もっと言うと、「市ではなくて市民に」というのが私の考えです。私が明石市長としてやりたかったことは、市長が持っている権限を下に下に降ろしていくことなんです。実は実際に明石市で、一部実施しています。

——え、どんな形で権限の委譲を実施したのですか？

泉 明石市は人口30万人規模の市で、28の小学校区が存在します。この28の小学校区に、連合体というか、いわゆる自治会とか老人会とか子ども会とかに集まってもらって規約を作りました。一定の民主主義システムが整ったら、そこで発生する人件費などを５００万円ほど渡すとか、そういうことを始めました。

地方行政を適正化するには、国に税金を預けている本人たちの意思を尊重するのが一番良いわけです。明石市でも高齢化率が4割のエリアもあれば、まだ10％台のエリアもある。サラリーマン層が多いところもあれば、漁師が多いところもある。

当然、ニーズが変わってくるわけで、同じ政策を一律に当てはめるのは非効率でしょ。だったら、各地域ごとに話し合って決めてもらったほうがいい。その地域で雇う人は、市からの天下りの職員ではなくて、その地域で人望のある人に人件費を払ってやってもらったほうが、地域のためになる。市の職員は、会場設営や議事録を作ったり、あくまで補助的なお手伝いをするというイメージです。

そういう意味で、私の中では、国家と明石市の闘いではないんです。市民対国家の闘いの中で、私は市民の中に入って、市民と一緒に闘っている。決めるのは明石市でも市長でもなく、市民なんだと。

――いまの泉さんの話がわかりやすかったのは、お金の使い方を国や県が決めるのではなく、まずは市に財源を移す。そして、さらに市から人々が暮らすまちに降ろす。そのお金をどう使うかは、自分たち地域住民で決めるんだということが、泉さんの言う「市民が主役」ということなんですね。

泉　「自己決定権」「地域自決権」という部分が肝なんです。まあ、ジャン＝ジャック・ルソーの影響なんですけどね。

市長1年目に28ある小学校区ごとに再編して、私自身が小学校区を全て回りました。それで懇談会を開き、「これからはみなさんにお金も降ろしていきます。やれることも決めてもらえるようにしますから」と言いました。最初は、みなさんポカンとして、まったくピンときてませんでしたけどね。

普通、市長が地域に行ったら、次から次へと愚痴を言われるんです。たとえば自治会長が「うちの地域のここを綺麗にしてくれ」と言ったり、老人会は「高齢者施設をどうにかしてくれ」と頼んでくる。私は「いや、それを決めてください」と言いました。「お金はお渡しします。そのお金で何するかを自分らで決めたら、私は何も言いません。使い方はみんなで話し合って決めてください」と。

市民が政治をあきらめないために

――初めて知りました。それは大改革です。地方自治のあり方そのものに、メスを入れていたわけだ。明石とは違う市で同じことをやろうと思ったら、何がネックになるんですか？　制度上の壁があるのか、それとも政治的な壁があるのか？

泉　どこでもできると思います。ただ、その発想がないだけじゃないですか。

――中間搾取をしてきた市議会議員の反発は？

泉　そら怒りますよ。市民が自分たちで決めるようになったら、口利きが必要なくなりますから。

――他の自治体でもやりだしたら、それこそ都道府県は必要ありませんね。市ですら、最小限の手助けしかしないわけですから。

泉　今後は、こうした予算の決め方も含めて、明石市をモデルケースに他の自治体にも広げていこうと考えています。

要は「政治は誰のものか」ということ。政治は市民・国民のものなんです。市民の苦しみ、悲しさ、鬱積した「なんなんだ」という気持ちを、社会を変えるエネルギーにしてもらいたい。そこで諦めるのは、あまりにももったいない。実はこれが、この本で一番言いたいことでもあるんです。

地域に決定権を委譲してみて感じたのですが、それまで文句を言うだけだった人たちの意識が「自分でやらな」と変わっていきます。これは、もう目に見えて変わった。しかも、地域ごとに一種の競争原理も働かせているんです。組織化して規約を作って、集約できて初めて金が降りるルールですから、各地域が競って組織化を図り、有効な予算の使い方を模索するようになる。

――非常に面白い試みです。これからの地方自治を考える上で、明石市の取り組みは大きなヒントになるでしょう。泉さんの政治理念や取り組みはよくわかりました。

県と日教組が手を組む最悪の教育制度

――市長を務める上で、具体的に都道府県の存在が弊害になることはありましたか？

泉　そら、いっぱいありましたよ。

先ほど、橋下くんが進めた教育改革について触れましたが、通常、教育人事権は都道府県にあります。小学校・中学校の建物は明石市立なのに、働いている職員は県の管轄なんです。

たとえば、ガラスがかち割られますやん。そしたら、ガラス代の請求は設置権者である市長に来ます。市長はその責任を取らされるだけ。中の先生方が問題を起こしても、彼らは県教委に属しているので、市長は手出しできない。問題となった教員を処分するどころか、その職員に会うことすら許されません。ひどい話ですよ。そんなことで、いじめや体罰、学校問題が改善できるわけがありません。

就任まもない頃に、ある女子生徒が、教師から性的な嫌がらせをされ続けているという問題が発覚しました。女の子は、毎日のように担任の教師に体育館の裏に連れ込まれて、胸を触られ続けていた。

私はそれを聞いて「許せん」と思い、「謝りたい」といって、そのご家庭に連絡したんです。お母さんにお会いして「本当に申し訳ない」と謝ったところ、「事を大きくしてほしくはありません。ただ、こんなことは二度と起きないように、市長さん、よろしくお願いします」と言われました。

でも私、何もできないんです。調査権限がないから、その教師に会うことも、処分もできない。結局は、兵庫県教育委員会がゆっくりゆっくり、いわばもみ消していくわけです。再発防止なんかできるわけないじゃないですか。私はそのときに、こんな状況では子どもたちを守れないと思いました。

――なるほど。教育は、市民にとって関心の高い分野ですから、改革は急務ですね。

泉　全国市長会を通じて、教員人事権をせめて市長に、人事権が無理なら調査権だけでもくれとお願いしましたが、完全に梨のつぶて。

12年間、明石市長をやって、一番悔しかったのは教育です。文科省と日教組が結託して治外法権を作っている旧態依然とした構造を突き崩せなかったことが、本当に悔しい。

戦後の憲法における政治的中立の名のもとに、教育を市長から切り離して、教育委員会制度なるものをでっち上げた。それを現場から離れた都道府県側が持っている。権限と責任が二重構造になっているわけです。市長ではなくて教育委員会。しかも「市」教委ではなくて「県」教委。何か問題が発生しても、責任の所在が曖昧になる。

不祥事は身内でもみ消して終わっていくというのが、いまの時代でも通用してしまっている。だから、いじめも体罰も減らないんです。

問題は明らかなのに、文科省は決して触ろうとしません。そんなことをしたら、権限を手放したくない知事会が怒りますからね。

――問題が発覚しないように、狡猾に権限を現場から遠ざけている。そうなってくると、いよいよ県の存在価値がないどころか、害悪と言わざるをえない。

泉　結局、それが文科省と日教組の狙いなんです。ラインを引いて、市を追い出したほうが都合が良いからです。

文科省の省益や日教組の既得権のために、現場のニーズがほとんど反映されなかったことは、市長として痛恨の極みでした。

第五章 宗教・業界団体論

知事選なんかを見ていると、カネは業界団体がパーティ券買って作る。
ポスターを貼るのは労働組合や連合。
集会に行ったら創価学会が仕切っている。
候補者はその体制に寄りかかっているだけ。

ケンカは腹を括ってるほうが勝つ

特定の団体に取り込まれないために

――2011年、市長就任直後に、いきなり年功序列でエスカレーター式に決まっていた役所内の技術系人事に手を入れて、技術関係の職員のみならず業界団体から睨まれ、おまけに慣習になっていた部長人事の特定枠も撤廃した。さらに、すでに決まっていた600億円の下水道事業を大幅に縮小したことで、殺害予告まで自宅に送りつけられた――。

これまでの泉さんの政治家人生を振り返ってみると、業界団体や宗教団体に対して、一貫して強硬姿勢を貫いています。政治や行政の場には利権団体がうじゃうじゃいるわけで、表ではクリーンなことを言っていても、裏では特定の団体と繋がっている政治家は沢山いるわけです。旧統一教会問題もしかり。政党が特定の団体と依存関係を築いているケースは山ほどある。

泉さんからすると、それらの団体と徹底的に闘うのは当然の判断なのでしょうが、それにしても強い。この強さの秘訣は何なんですか？　だって、市長をやってれば、手を替え品を替え近付いてくるでしょ？

泉　後に引き継ぐ明石市に遺恨は残したくないから、慎重に言葉を選ばないといけませんが、もちろんそういう団体は色んな方法で接触を試みてきます。アメをチラつかせて擦り寄ってきたり。それこそ選挙のたびに「手打ちしてやるから支持者名簿出せ」と言ってきますし、だいぶ古典的な方法で近付いてくる。

でもね、そんな甘い話ありませんわ。結局、こっちが擦り寄ったところで、向こうは味をしめて「もっともっと」と要求するようになるだけです。挙げ句、4年後に違う候補を出されて裏切られる。そんなの目に見えています。

これは、とくに議会で孤立している無党派の市長や知事に言いたいのですけどね。選挙で勝ったなら、これまで戦っていた団体と手打ちしないことです。改革しようと思ったら一定の緊張関係はやむをえない。こちらが妥協しなければ、やがて向こうから歩み寄ってきます。これは悪い意味じゃなく、こちらの力を認めるという感じかな。

私の場合だって、周り全てが敵の状態でしたけど、じーっと耐えてたらいつの間にか寄ってきて、実際、予算が通るようになってますから。結局は、痺れを切らして、向こうは市長に歩み寄るしかなくなる。絶対に、こちらから「ノイジー・マイノリティ」に過ぎない既得権益層や古い勢力に近付いてはいけない。そんなことしたら、向こうに取り込まれるだけ。せっかく「サイレント・マジョリティ」の応援をもらって市長に選ばれたのに、それでは意味がない。市長は、どれだけ議会で居心地が悪くても、市民の代表者としてドッシリしていればいい。半年ぐらい持ち堪えることができれば、既存の古い勢力も嫌がらせを続けられなくなってくる。だんだん自分たちの立場が危うくなってきますから。

――恵まれた家庭環境に生まれ育ち、エリートが集まる進学校で受験テクニックばかりを学んだ昨今の政治家や官僚たちは「政治闘争」の基本を肌で理解していないんですよね。おっかない不良にからまれた体験などないのでしょう。強い者に対してペコペコしても見逃してはくれません。踏みにじられるだけです。「俺をやるなら、やれ！その代わり、お前も道連れにしてやる！」という決死の覚悟を示すしかないんです。「相打ちの極意」ってやつですね。強い立場にいる者ほど「こんなヤツと共倒れしたくない」と怯んで対決を回避するものなんですよ。

子どもの時からエリートとして培養され、ケンカもしたことがない奴ほど、すぐ屈する。

泉　実は私、すっごいケンカしてたんですよ（笑）。こんなこと自慢にもならへんけど。子どもの頃から腹括ってたから、めちゃくちゃケンカが強かった。ケンカって、腕っぷしの強いほうが勝つんじゃなくて、腹を括ってるほうが勝つんです。「こいつには勝てない」と思わせれば、それでいい。まあ、当時のケンカはナイフもなかったしね。いまは殺されるからやらないほうがいいけど。

最後のケンカは20歳かな。三鷹駅の南側のゲームセンターで、不良中学生３人組に因縁つけられて「なんや、このガキ」と表に出て行ったらボコボコにされました。靴も脱げて裸足で帰ってきたんですけど、「これはもうあかん」と思って、殴り合いは卒業しました。

「俺も死ぬけど、お前も死ぬぞ」

――捨て身戦法が一番強いんです　私も取材では、絶対に政治家に頭を下げません。「俺を騙したら、お前のスキャンダルを一生かけて見つけてやる」「俺も死ぬけど、お前も死ぬぞ」という覚悟で取材に臨みます。相手に「こいつとケンカしたら、やばいことになる」と思わせないと、権力者と互角には戦えませんよ。取材記者にとって最大の敵は、自分自身の保身です。

泉　それは真実。闘いの局面では、いつも心の中で「一緒に地獄行く覚悟あるんか？」と言っている。「俺は地獄の底にタッチして戻って来れるけど、お前、戻って来れるか？」と。生まれつき、チキンレースには滅法強いんです。

――ある闇僚経験者が言ってましたけど、エリートはいつも選択肢を二つ用意する。だから、危うくなると必ず安全策に流れていく。でも、ケンカ慣れしてる奴は一つしか選択肢を用意しない。選択肢を二つ持ってる奴と、一つしか持ってない奴がケンカしたら、絶対一つのほうが勝つ。

役人って、基本的に選択肢を二つ持とうとするから、役人を押し切るのは簡単なんですよ。「俺も死ぬけどお前も死ぬよ」って言うと、だいたいすぐ折れる。彼らは死にたくないから。

役所でも一切忖度しなかった泉さんの強さは、20歳まで現役だったというケンカで培われた部分はあるでしょうね。

泉　たしかに負けん気は強いかもしれませんね。

司法修習生の時に、ある事でルール違反と言われて始末書を書かされたことがありました。ホンマに理不尽な話なんですが。それで、体裁だけは始末書書いてるふうにしておいて、中身で「お前らアホちゃうか」みたいな挑戦的な文章を書きました。そしたら、教官に呼び付けられて、激怒された。「泉くん、そんな態度だったら、せっかく通った司法試験が無駄になるよ」と脅されました。そのとき、私は「いいですよ。クビになったら、また来年司法試験を受けて、すぐに戻ってきますから」と言いました。「クビにするならしてください」って。

やっぱり、理不尽に対しては、相手が誰だろうが決して引いちゃいけないというのが根底にあります。それこそ大学生時代は、革マル派も中核派も脅してきましたけど、一歩も引きませんでしたから。

――この感覚こそ政治闘争。政治家に、絶対必要な感覚です。

労働組合と宗教団体に依存する政治家たち

選挙の実務を頼むことから始まる

――話は変わりますが、労働組合の中でもとくに連合と政治の問題は、無視できないと考えています。連合は労働者の代表を自任し、政府も連合の意見を飲むことで、労働者の意見を聞いたというアリバイ作りに使っている。でも、実態としては加盟率は十数パーセントに過ぎない。しかも、労働者といっても正規社員で、もはや大企業の代弁者になっている。

とくに旧同盟（全日本労働総同盟）系は製造業の大企業とべったりで、大企業とその正社員の既得権を守るための装置になっていて、非正規雇用の労働者が４割近くに迫る時代にあって、とても全労働者の代表とは言えない。その実態を棚上げして「自分たちは労働者の代表だ」と言い張り、政府も彼らを利用している。

格差社会を深化させたという意味で、連合の罪は非常に重いと考えます。

泉　私自身は市長になってからの選挙でも、連合の支援は受けたことがありません。そういう私からすると、連合も業界団体も、残念ながら既得権益側で、時代の大きな変化に全くついていけてないと感じます。

私自身はあまり連合に良い思いをしたことはありませんけど、他の国に目を向けると、ユニオンや労働組合が基盤となり、社会のネットワークのキーになることはよくあることですから、そういう意味では本来可能性があるはず。

労働者同士が幅広く手を繋ぐ手段としての連合。宗教団体でいえば、宗教連合という形の組織が、市民・国民の側に立った緩やかな政治活動に繋がることは、他の国では当たり前のように実現しています。そこは私も「もうちょっと何とかならんのかなぁ」と。

――日本は全くそうならないし、気配すらない。

泉　ええ。連合に限っていえば、労働貴族的な面が強くて。私も国会議員のときに声かけられるのはゴルフの誘いばっかりで、「なんで労働組合がゴルフやねん」と思ってました。ゴルフができないので、全て断ってましたけど、ああいうスタンスは正直ねぇ……。「ホンマに労働者の代表なん?」と思ってしまう。

自民党の選挙はゼネコンと宗教団体

――昔から自民党の選挙事務所に行くと、実際に選挙を切り盛りしているのはゼネコン関係者でした。かつての最大派閥・経世会はとくにそうでした。非主流派が長かった清和会は、ゼネコンへの食い込みで経世会におくれをとっていたため、その代わりに宗教団体に接近して選挙支援を受けてきた。つまり、自民党の選挙を裏で支えてきたのはゼネコンと宗教団体だったんです。

一方、野党の選挙を見に行くと、労働組合が選挙の実働部隊になっていた。

泉　その通り。選挙で政党が各種団体に協力を仰ぐから、そういった団体が政治へ影響を及ぼしてきた。それが、2022年の安倍晋三氏暗殺に端を発する統一教会問題で明るみに出たわけです。

――言ってみれば、この「選挙のプロ」たちが、お金の計算とか人の管理とか実務作業に当たっている。素人には選挙は大変だから、プロに頼りたくなるのはわかるけど、やっぱり問題でしょう。

旧民主党とか立憲民主党の議員に聞くと、「連合が持ってる組織票自体は大したことない」とみんな言う。市長だった泉さんはよくご存知だったように、実際、票数自体は大したことありません。

ただ、連合を切ると選挙の実務が回らない、と口を揃えます。実際にポスターを貼ったり、お金を計算したり、選挙の収支報告書を書いたり。そういった選挙のノウハウは彼らが握ってきたので、今さら自前で何とかなる話でもない。つまり、選挙実務で頼り切っているから、関係を切れないんだと。

しかも、これまでにずっと頼り切りだったから、ちょっとグレーなお金の回し方とかも全部見られちゃってる。今さら関係を切ると、旧統一教会のように秘密をバラされるリスクがある。だから、切りたくても切れないというのが、本音ベースの悩みです。そのぐらい依存しちゃってる。だから立憲民主党は連合を切れない。

泉 たとえば知事選なんかを見ていると、自公民の連合体の候補者というのは、カネは業界団体がパーティ券買って作る。ポスターを貼るのは労働組合や連合。集会に行ったら創価学会が仕切っている。候補者はその体制に寄りかかっているだけ。

でも、時代は大きく変わっているわけですから、そんな風習はもうやめたほうがいい。

泉選挙事務所は実質5人

――では泉さんは、選挙戦をどう戦ってきたんですか？

泉　私は、2003年の衆院選から、その後の市長選に至るまで、一貫して特定の団体には協力を頼んでいません。そのかわり、それこそ地元の仲間が必死にポスターを貼ってくれます。一銭もカネを使わずに、全てのポスターを貼る態勢ができている。

そして、実質的には5人ほどの友人らだけで選挙を戦ってきました。

――それは少ない！　本当に最小限の人数で戦ってきたんだ。

私は選挙の時に、「候補者の選挙事務所に行ってください」と有権者に呼びかけるようにしています。事務所に行けば、連合に依存している野党候補者と、連合に頼らずに手作りの選挙をしている候補者はすぐ見分けられるから。

選挙で市民に寄り添うとどんなに主張しても、連合に依存して選挙活動をした議員は、当選した後に連合が反対する政策を主張できません。市民よりも連合を優先する。市民の味方ではなく、連合の代弁者になってしまうんです。そうしないと、次の選挙を戦えない。

つまり、誰に担がれどういう選挙をして勝つかが、政治家にとってとても大事なんです。ここをもうちょっと可視化していく必要があるでしょう。

そういう意味でも、泉さんの選挙のやり方が大きなヒントになると思います。

泉　大抵みんなビックリするんですよね。どこかの偉いさんが「選対の責任者に会いたい」って来るでしょ。それで「はい?」と言って私の友人が対応すると、「いや、そうじゃなくて御大がおるやろ、お偉いさんがおるやろ」と言うんです。「いないですけど……」と答えると、「そんなんじゃ選挙できへんやろ!」と呆れられる。どこかに名の通った70~80歳ぐらいの人がでんと座っていて、事務作業でも仕切ってるのかと思ったら、たった5人ほどで切り盛りしてるから。そこに毎回ビックリされます。

でもね、やる作業は実際、たかが知れてるんです。みんな、ふわっと選挙は大変だと思っているけれど、大したことない。5人でも十分強い選挙ができるんだから。

要は、最低限、立候補届を書いて、掲示板にポスターを貼ればいいんですよ。あとはマイク一本あればいい。車があってもいいけど、なくたっていい。その程度の話!

——ははは、すごいこと言ってる。

どんな政治家になるかは、どんな選挙をやるかにかかっている

泉 他の人の選挙見たら、「なんぼ人がおるんや?」と毎回思います。みんなボーッとしとるだけやがな。あんな人数必要ないし、動員なんか要らん。

――選対の事務局長なんかは労組関係であることが多くて、事務所で何をしているかというと、みんな必死に弁当を用意してる(笑)。大人数の弁当を用意するのが大変で。

泉 そうなんです! そら、あんなにぎょうさん人呼んだら、弁当が大変ですよ。ほとんどの総選挙の集会なんていうのは、労組関係者が動員かけられて集まってるだけですよ。盛り上がってるフリするぐらいなら、最初からやらなくていい。

――泉さんのように、最初の選挙から手作りでやっている人はそれが普通だと思っているけど、最初に担がれて出ちゃうと、それに慣れてしまってそこから抜けられない。

労組の事務局長が仕切り、時間が来たら演説だけさせられて、裏は全部組合がやってる。これが当たり前だと思っている国会議員は、自分で選挙をしたことがないんです。だから、連合に歯向かえない。これが今の野党の実態。

泉 そうですね。そういう意味ではやっぱり、どういう選挙をするのかと、選挙に勝った後にどんな政治家になるかは、密接に繋がっている。市長選も国会議員の選挙も同じ。選挙の出方、戦い方から抜けられることは、ほとんどない。

——そう、やっぱり選挙は民主主義の基本なんです。業界団体や労働組合に依存せず、自らの参謀を指名し、強力な選挙チームを作り上げ、結束を固めて投票日に向けて連帯感を広げ、選挙戦を勝ち抜くことができない政治家が、たとえ大臣になっても、手練手管の官僚機構を付き従わせて公約を実現することなんてできませんよ。選挙は政治家の統率力やガバナンス力をテストする絶好の機会なんです。

日本は宗教をタブー視しすぎ

——旧統一教会問題がある程度盛り上がったけど、創価学会と公明党の関係については、大手メディアは一切批判しません。

泉　日本では、「宗教」と「政治」がタブー視されますよね。飲み屋なんかで、宗教や政治の話をしてはいけないという風潮があるでしょ。でも他の国に行くと、もっと普通に議論してますよ。

宗教に限って言えば、日本での異常なタブー視が、ある意味で逆に宗教に対して、まさに無規制というか、放任されっぱなしという状況を生み出す元凶になっている。それが、旧統一教会問題の肝の部分でしょ。

旧統一教会も創価学会も、いろいろな宗教団体がめちゃくちゃ政治的な動きをしているのに、そこはほぼ報道されない。宗教団体の政治活動については、もっと普通に報道すべきです。マスコミや世論が過度に宗教をタブー視した結果、いろいろな問題が温存されてきたと感じます。

公明党が創価学会の支持を受けているのは、誰の目にも明らかですから、普通に報道すればいいんです。ヨーロッパにだって、キリスト教系の政党は珍しくありませんし、宗教団体が政党のバックとして機能していること自体、別に悪いことではない。ポイントは透明性が担保されているかと、信教の自由とのバランスがどの程度取れているかだと思います。

――政治権力の内幕に迫って可視化するのが政治報道の役割です。創価学会が公明党の政治判断を方向づけている以上、創価学会の意思決定過程をあぶり出さなければ、公明党という政党を政治的に分析・解説したことにならない。個人の信教の自由に立ち入るかどうかとはまったく別次元の問題です。

「宗教団体」という理由で取材・報道を避けるのは、日本のマスコミを覆うトラブル回避体質を映し出しています。これも単なる自己保身ですよ。

泉　もったいないですよねぇ。

宗教団体や労働組合が中心になって、ある政治家の選挙を応援すること自体は問違っているわけじゃないし、そういう政治家がいてもいい。ただ、その方は市民全体の代表ではないことを、しっかり認識する必要があるでしょう。

私が後を託した明石市民の会の選挙戦もチャレンジでした。宗教団体や労働組合のような団体の支援がなくても、一般の市民を味方につければ普通に勝てる、ということを証明しました。

間接支援という名の既得権益温存

保育士さんに渡すか保育協会に渡すか

――岸田総理が「異次元の少子化対策」と言い出し、いまさら異次元か、と失笑を買っていますが、子育てを支援すること自体はいいことです。問題はどうやって支給するか。つまり、業界団体を経由する「間接支援」なのか、子どもや世帯への「直接支援」かで、その実体はまったく違うものになると思います。

泉 ええ、それは似て非なるものです。

――戦後日本を主導した自民党政治は国民生活の支援を「業界経由」で行ってきました。

国民一人一人に直接お金を渡すのではなく、農業、建設、運輸、商工、医療、教育など各業界に補助金を渡すことで間接的に国民生活を支えてきたわけです。農家ではなく農協に、子育て世帯ではなく幼稚園や保育園に、看護師や介護士ではなく病院や福祉施設に、補助金を支給してきました。自民党の族議員は各省庁と結託し、自分たちを応援してくれる業界へどれだけ補助金を引っ張ってくるかでしのぎを削っていたのです。

各業界は補助金の一部を「中抜き」して、族議員への見返りとして政治献金や選挙支援をし、官僚への見返りとして天下りを受け入れました。これが「政官業の癒着」と呼ばれる構造です。お金を分配する「予算編成権」を握る財務省主計局は、その頂点に君臨していました。

２００９年に誕生した民主党政権は当初、「政官業の癒着」の構造を根本から壊そうとしました。国民生活の支援を「業界経由」ではなく「国民一人一人に直接」行う仕組みに変えようとしたのです。農協に支給してきた補助金をやめて一軒一軒の農家に直接支給する、幼稚園や保育園に支給してきた補助金を減らして一人一人の子どもに対して子ども手当を直接支給する、といった具合です。政府から国民一人一人に直接お金を渡すという「大改革」になるはずでした。

これが実現すれば、各業界の影響力は大幅に低下し、自民党の族議員へ政治献金や選挙支援を続けることはできなくなります。官僚の天下りも受け入れることは困難になるでしょう。自民党の長期政権を支えてきた政官業のトライアングルを壊し、自民党を足元から瓦解させるというのが、民主党を主導した小沢一郎氏の狙いでした。

だからこそ、自民党も財務省をはじめとする霞が関も激しく抵抗した。そこで、小沢一郎・鳩山由紀夫ラインと菅直人・野田佳彦ラインを分断し、民主党の内部抗争を勃発させて政権を倒したというのはすでにお話ししたとおりです。この結果、国民一人一人を直接支援する政策は次々に姿を消し、自民党政権が続けてきた「業界経由」の間接支援に舞い戻ってしまった。「政官業の癒着」の構造が温存されてしまったのは、とても残念です。コロナ対策でも物価高対策でも、自民党政権は相変わらず「業界経由」の巨額支援を重ね、「中抜き」が横行しているのが実情です。

泉　いやぁ、おっしゃる通り。

明石市では、対象者本人に支給することを何よりも大事にしてきました。たとえば、重労働で薄給である保育士さんが長く働き続けることができる環境を整えるため、「保育士定着支援金」という制度を設けています。明石市内の保育園で働いてもらったら、採用後7年間で最大160万円の現金を支給するという制度なのですが、支給の対象は保育士さん本人。本人の口座に直接振り込みます。

ちなみに、保育士さんへの支援金を巡っては、お隣の神戸市と競い合うようにして制度が生まれた背景がありまして、神戸市もほぼ同額。ただ、やり方が違う。神戸市は、保育園にお金が渡り、園の裁量で本人以外への配分ができる仕組みになっています。

——面白い。似ているようだけど、全然違う。

泉　まったく違います。

明石市は本人にダイレクトで振り込む

——実際に中抜きされてしまうケースもよくありますし、末端まで送金されないというケースも……。

泉　ええ、中抜きのリスクも出てきますし。結局、保育士は保育園に「ありがとう」と言わなきゃいけない。保育園や保育協会は政治家に「ありがとう、選挙応援します」となる。つまり、保育士支援という名目の選挙対策になっているわけです。実際、選挙になったら、保育協会のピンクの旗が立っている。そこを介さずダイレクトに振り込むのが明石市の特徴だし、こだわってきたポイントです。

それと、2022年の年末に、例の専決処分の原因となったサポート券配布の第3弾を実施しました。この時は、一人3000円分のサポート券を配布しました。なぜ3000円かというと、国から物価高対策の公金が全国の自治体にばら撒かれたんです。明石市は人口比により、10億円でした。明石市の人口は約30万人だから、市民全員で均等割りしたら一人当たり3000円になる。

その3000円分のサポート券で、1000を超える大手を除く市内の事業者とタクシー利用を可能にしました。大変好評だったんですけど、こういうやり方は全国でうちぐらい。他の自治体はどうしているかというと、その10億円をタクシー協会やバス会社に直接渡してる。

おそらく、兵庫県内では明石市だけでしょう。というのも、タクシー協会から連絡があり、「明石だけ、(支援)してくれないんですか?」と言われました。それで「何をいうか」と言いました。「一回こっきりの金をタクシー会社に渡しても客増えへんで。一時、助かるだけやがな。明石市は、30万の市民全員がタクシーに乗れるんやで」と。「病院行くのに『3000円のサポート券でも使ってみようか』とタクシーに乗ったら、次に通院する時は自腹を切るかもしれない。これは客が増える話なんや」と。「目先の金よりも、タクシー利用者を増やすほうが、タクシー会社の経営にとってプラスやないか。こっちはタクシー会社のことを考えて、あえてやってるんや」と言ったら、「ありがとうございます」言うてすぐに引きましたけどね。

やっぱり、多くの自治体は業界支援に行く。長年の選挙対策から来る「阿吽《あうん》の呼吸」があるんです。それをしないと、逆に業界団体から怒られるから。

――そのタクシーの話はすごく面白い。全国の首長に読んでもらいたい。「子育て支援」という言葉に騙されてはいけなくて、誰にお金を渡すかがいちばん大事なんです。

内閣府の官僚と子育て給付で大ゲンカ

泉　子育て支援といえば、２０２３年度から明石市は18歳までの子どもに毎月５０００円支給します。これ、国の制度では基本的に親に支給なんです。明石市は子どもです。うちは親じゃなくて子どもに渡す。徹底した「本人主義」です。

どこが違っているかというと、児童養護施設にいる子どもの場合、親や施設にお金が行かず、ちゃんと子どもに届くんです。離婚している場合も、離れて暮らす親ではなく子どもにいく。

でも、1年ほど前の国の10万円支給は、対象が親でした。正確には9月時点の世帯主が対象になっていて、9月以降に離婚している場合、お母ちゃんと一緒に暮らしている子どものほうではなくて、たとえば離婚した後に新しい女性と暮らしている夫のほうに、子どもの10万円が渡ってしまう。

「子どものための10万円が、子どものために使われんのはおかしいがな。ちゃんと子どもが使えるようにせえ」と、開設直後のツイッターで吠えたんですよ。それで、内閣府に直接電話しました。

「明石市はちゃんと子どもに届けたいから、直接子どもに渡すことを認めてください」とお願いしました。そしたら「一律主義に反する」と断られた。もうビックリして……思い出すだけで腹立ってきた。

向こうの反論は、「市長さんはそう仰るけど、今回はプッシュ型という国の方針でスピードが求められる」と。12月支給に間に合わせるために、このやり方が合理的だと。

私は「不合理とは言ってません。ただ、そのあとに離婚して、本来一番支援が必要な子どもにお金が届かない場合の、例外対応を明石市がすることを認めてほしいだけだ」と食い下がりました。でも、何回頼んでもダメでした。「そんな例外を認めるわけにはいかない」と言われて、挙げ句の果てには「市長さん、99%はこれで行き渡るんだから、役所としてはそれで十分です」と、あいつホンマに言いよったんです。

――「誰一人見捨てない」ことを大事にしてきた泉さんとしては、許しがたい。

泉 「全国一律主義に従え」なんて、まさにお上至上主義の象徴です。問題は明らかなのに、押し付けてくる。でも、だいぶツイッターで吠えた結果、いくつかの政党の代表が国会で質問してくれて、答弁が変わりました。そういうケースが該当する子どもには、別途10万円支給という形になりましたが、結局、全国一律の古い基準は維持したまま。つまり、お父ちゃんが10万円くすねても、黙認するということです。

ネコババするやつが必ずいる

――本人主義にこだわっている明石市では、手間はかかっても子ども本人にお金を届けることを大事にしてきたということですが、未成年にお金を渡すのって法律的には大丈夫なんですか?

泉 10万円の支給というけれど、実際は契約という形なんです。堅苦しい法律論でいうと、親の同意がないと未成年との契約は無効になるので。

親が認めないなら、その場合は無効にしていい、ということにしてます。「うちの子のことを勝手に決めるな、わしに許可権があるんじゃ」と言われたら、「わかりました。無効にしますか」といって10万円戻してもらうだけですから。でもそんなこと言ってくる親は一人もいませんでしたけど。

これが親基準の場合、離婚して離れて暮らす親が「ワシが親だから、ワシによこせ」と言ってくるケースが考えられます。「ワシが責任者だ」と言ってくるかもしれないし、揉めるリスクが出てくる。

明石市のように子ども基準にしていれば、親に文句を言われたら「じゃあゼロですね」となるだけ。そういう場合は、違う形で支援すればいい。

——本当のリーガルマインドというのは、法律の目的を達成することを最優先に考え、結果として一番効果が出るように柔軟に運用することなんです。法律の趣旨を汲み取らず、条文通りに杓子定規に運用して法律の目的を達成できなければ元も子もないのに、それをリーガルマインドと履き違えている政治家や役人が多すぎる。

泉 そうそう。法律に忠実ということではなく、上手く運用することが大事です。

——コロナ対策では、看護師さんら医療の最前線で働く人々を支援すると言いながら、実際には直接お金を渡すのではなく、医療法人など雇い主を経由して支給する形式にしたものだから、ピンハネされて現場の人々まで全額が届かないケースが相次ぎました。これぞ「間接支給」の弊害です。あまりに酷い。

泉 そうです！ ウハウハの病院もあったそうです。

——医療法人経由で支給したのは、自民党や厚労省が見返りとして選挙支援や天下りを得るためですよ。私たちの税金は、業界経由で政治家や官僚に還流しているんです。

泉　結局、ふわっと聞くと良いことをしているように聞こえるけど、支給方法をよく見ると「それって誰のためにやっているの？」と思うことが、この国はホンマに多いんです。

地方自治体はＮＰＯを活用せよ

無償のボランティアでは長く続かない

――日本社会、そして政治の舞台にはびこる各種団体の問題を議論してきましたが、逆に、そういった団体を行政が上手く活用する方法はないのでしょうか。

泉　私自身、ずっと市民活動をやってきたので、ＮＰＯやＮＧＯに期待してます。残念ながら、日本の場合はＮＰＯ・ＮＧＯ活動の位置付けが低すぎると言わざるをえません。

私なんかは、公務員を辞めてＮＰＯやＮＧＯに入っても、待遇が変わらないぐらいにせなあかんと思っていて。そうなると、もっといい人材も集まるはずです。いまは「ボランティアなんだから無償でやれ」という形で、手弁当でしんどい仕事を押し付けられている。そのために疲弊して辞めていったり、行政批判で対立したり。そういうケースが多くて、不幸な構造になっています。

明石市では、「共助を公助する」発想のもと、市民活動団体をともにまちづくりする仲間と位置付けて、協力関係を築いています。

――ほう。具体的にはどんな活動をする団体なのですか？

泉　先ほど言ったように、明石市では全部で28ある小学校区に再編して、その地域コミュニティの住民自身がお金の使い道を決めていく。そこに市からお金を降ろして、市役所職員がサポートする体制になってます。

また、全小学校区に子ども食堂が立ち上がり、潰れることなく継続できています。これはまさに、市民が強い、地域が強い、ボランティアが強いからできていることなんです。子ども食堂を立ち上げようとした時に、まず中間支援団体を作りました。公益財団法人「こども財団」というのですが、こども財団にまとまったお金を落とせば、柔軟に子ども食堂に助成もできるし、場所探しもできる。手間のかかる広報、雑務はこども財団が担当するわけです。まず、その体制を整えました。

教育委員会に話を通して各学校で全校生徒にビラを配布できるようにもしました。つまり、面倒なことは子ども食堂に集まってくれたボランティアがする必要はなく、彼らには、子どもと一緒に時間を過ごしてもらい、子どもだけを気にしてもらう形にしました。

このように、ＮＰＯ的な活動を自治体が公助する形でないと、結局長く続かないです。

市民から子ども食堂を始めたいという声が出ても、「勝手にやったらええやないか」では、やれるわけないし、やったところで続かない。

――その支援団体には、市の職員を出向させたりしているんですか？　それとも、専属のスタッフだけでやっている？

泉　そこも過渡期です。最初は市の職員も出向させましたけど、プロパーも増えています。

たとえば、こども財団の初代理事長は前東大総長の濱田純一さんです。個人的にも親しい明石出身の方だったので、東大総長を終えたタイミングで口説きました。2代目の理事長は兵庫県弁護士会の前会長で、どちらも第三者ということになります。

子ども食堂に関しては、柔軟にお金が出る体制を整えることが鍵でしょうね。誰かが子ども食堂を立ち上げるといったら、すぐに5万円を渡す。子ども食堂の実施に当たっては、1回あたり2、3万円渡す。私なんかは人件費も出していいという考えだけど、役所はまだ頭が固いので、そこは上手にやってもらっている。

私は有償ボランティア派で、汗かいて大変な思いをして子どもたちのために頑張っているのに、無償だったら続けへんと。少なくとも、働いてくれる方の負担にならないくらいは最低限公助しないと、という発想でやっています。

とくに、地域住民との連携が求められるこれからの時代、NPOといい関係を作っていくことが大事だと考えていて、そのためにはNPOを無償でこき使う対象ではなく、まさに行政とのパートナーととらえていく必要があります。

チーム泉もNPOから生まれた

泉　1995年に阪神・淡路大震災があって、ボランティアが注目され、NPOがちょっとしたブームになり、官民連携が脚光を浴びました。1997年に私が明石市に戻ってきて、1999年に市長選がありました。そのとき当選した陣営に、私から提案した公約が官民連携だったんです。それが「明石市民未来会議」という形で実現して、37歳のときに私が初代会長になりました。ちなみに、そのときのメンバーが、のちに私の選挙を中心的に支えてくれるスタッフだったりするんです。明石市のNPO活動の仲間たちが、のちの選挙の母体になっています。

――そうだったのですね。その時の同志だから、たった5人でも選挙に強いんだ。

泉　ええ。市民と明石市が一緒になってまちを作ろうとする会議には、100人くらいのメンバーがいました。そのときのメンバーには、のちの私の選挙チームだけじゃなく、いま子ども食堂をやってくれている方もいます。

ラッキーもありましたけど、早い段階でＮＰＯ的な、官民共同体のキーになれたので、それが今の明石市の地域づくりや子ども食堂に繋がっているのです。そのあたりが私の強みになっていて、市民とともに汗をかいていた当時の私を、みんな知っている。行政に対して「なんとか場所、借りれませんか？」とかお願いしてましたから。「これだけ公共性が高い空間なんだから、場所ぐらい無料で行政が提供するべきだ」と食い下がっていたので。

――私は49歳で朝日新聞を辞めたのですが、同僚たちも50代60代になり、たまに会うと、本当につまらなそう。お金を貰うためだけに、会社にしがみついている人がいっぱいいて。そのような人々が地域社会に貢献して活躍できる場があれば、世の中はもっと活気に満ちてきますよ。

泉　まさにそこに可能性を感じていて、子ども食堂にしても男性の参加者が非常に増えています。やっぱり時代の変化を感じますね。

団塊以前はザ・高齢者という感じの男性が多かったですけど、団塊以後の男性は個々人でやりがいを見つけて活動する方が増えている。団塊以前は、名刺のない人に会いたくないタイプが多いんですよ。団塊以降は、別に名刺がなくても、割とすんなり女性たちの輪の中に入っていける。そこは私もリアリティを持っていて、今後ますます男性が増えてくることを期待しています。

――リタイアしたけど、何かやりたい、参加したいというニーズは確実に増えます。カネを稼ぐより地域に貢献したい、という人も多いんです。

泉 団塊以前の世代だと考えられませんでしたけどね。さらに若い世代、40歳代ぐらいになってくると、もはや男女は関係なくなってきていて、子育てだって二人でするのが自然になってますし。もう、全然感覚が違う。

そういう意味で、社会構造も世代が一回りして、一気に変わっていっている。その変化を政治・行政が上手く捉える必要があるんじゃないかと思います。

第六章 マスコミ論

権力者から国民に刃を突き付けるのを、マスコミが手助けしている。
やたら国民に諦めさせる方向で報道する。
なぜ国民に取材して、国民目線の報道をしないのか。

時代に取り残された新聞に未来はあるか

マスコミ出身だからこそモノ申したい

――泉さんのツイッターを見ていると、とにかく色んな方面にお怒りで。ツイッターでも闘い続けている印象が非常に強いのですが、とりわけ辛辣なのは新聞やテレビといったマスコミに対して。もともとNHKにいらしたこともあって、やはり、マスコミ報道に対してはモノ申したい気持ちが強いのでしょうか。

泉　期待の裏返しなんですけどね。大学を卒業してから、NHKに入社しディレクターになりましたので、昨今のマスコミの報じ方に対しては、どうも辛口になってしまいます。

私がNHKに入る時、最後まで迷ったのが朝日新聞。実は、就職試験を受けていたんです。結局、私は福祉の現場をお茶の間に伝えたかったので、映像メディアのほうが適しているかなと判断して、ＮＨＫを選びました。

その後、テレビ朝日に移ってますので、ＮＨＫとテレビ朝日という二つのテレビ関係で仕事をしたこともあり、マスコミに対しては思い入れが強い。マスコミの可能性を信じてその世界に入ったわけですし、そこはいまも変わっていません。マスコミが持っている大きな影響力には期待を寄せています。だからこそ、「本来の役割を果たしてますか？」と言わずにはいられないことが多々あって……。自分自身や明石市が関わってくる件に関しては、ツイッターで嚙みついてしまうわけです。

「どっち向いて報道しとんや⁉」という憤り、悲しみ、「もったいないなぁ」という嘆き。そういった思いが混ざりあって、昨今のマスコミに対しては、かなりキツいことを言っている。でも、ベースにあるのは期待感です。

――いまから新聞、テレビ、ネット、雑誌（出版）とメディアごとに議論していきたいと思うのですが、やっぱりそれぞれに特色があって長所・短所があるから、明石市の取り上げ方もメディアによって全然違うんじゃないですか？

泉　明石市長をやっていると面白いもんで、論調が完全に分かれるんです。明石市を好意的に報じてくれる、というか応援してもらえるのは、ほとんどがネットメディア。雑誌メディアも、一定の分量を割いて明石市の取り組みや私の思い・ビジョンを掘り下げてくれます。

問題は新聞とテレビです。この2つはやたら明石市を敵視して、批判的な報道ばかり。こと新聞に至っては、残念なことに、古い頭のままで明石市を見るから。私からすると「いつの時代の発想で、明石市を分析なさるんですか?」と思ってしまうことが多い。

特に大手新聞の、政治や解説記事を書く方。論説や社説も同様だけど、ものすごく凝り固まった古くさい思い込みをいまだにお持ちで……。

――私もつい最近まで、頭の古い新聞社にいたので、気持ちはよくわかります(笑)。

新聞はなぜ思い込みで書くのか

泉 ビックリしてしまう記事があまりに多い。たとえばね。いろんな施策を実施するためには、当然、お金のやりくりをするしかないわけですよ。だって、一地方自治体が増税することはできないし、国債も発行できないから。これまで語ってきたように、限られたお金の中でムダを省いたり、緊急性が低い事業を削ったり、何とかやりくりして、子ども予算なり介護なり、必要な施策にお金を投入します。

市長としては、当然、どこにもしわ寄せがいかないように進めている。つまり、子ども予算のために、高齢者に関する施策を疎かにするとか、どこかを生かすためにどこかを殺すような、そういうしわ寄せが起きないように、気を配っているわけです。

でも、新聞は「そんなことができるはずない」という憶測のもと、記事を書く。思い込みに支配されてるから、他のメディアは「市長のリーダーシップ」とか「やりくり上手」という面もクローズアップしてくれるのに、新聞はいつだって「明石市のどこかに、しわ寄せがいってるはずだ」という論調の記事になる。

明石市が子ども施策に力を入れていると話題になると、新聞は「高齢者施策不十分」と書くんです。これね、取材してないんですよ。それで、高齢者施策が不十分でないとわかってくると、「インフラがボロボロ」みたいなことを書きだすのが最近のパターン。これも取材したデータをもとにしてるわけじゃない。というか、取材してないから！

単に、紋切り型のパターンに当てはめていくだけなの。呆れちゃうでしょ。お金がない中で明石市が実現させていることが、彼らには受け止められないんですよ。

「現実を直視して、それを伝えなさいよ」と言いたい。「あんたらの仕事は何なの？」と。

——私も朝日新聞に長くいましたけれど、病理の根本原因は明らかで、新聞社の古い「縦割り」制。これに尽きる。これが弊害になって、新聞社の命であるはずの報道を歪めてしまっている。

泉　ほう、縦割りですか。

――ええ、よく何らかの分野の「専門記者」とか、偉そうな肩書が付いてる記者がいるじゃないですか。これが魔の手でね。新聞社の言う「専門」ほどいい加減なものはない。

種明かしをすると、子育てや社会保障の専門を名乗っている記者は、単に厚生労働省と仲良しなだけ。厚労省の役人に知り合いがたくさんいれば、「私は社会保障の専門記者だ」と会社内外で威張るわけです。

外務省や防衛省に知り合いが多ければ「私は外交防衛の専門記者だ」となるし、経済の専門記者は財務省と金融庁に知り合いがいっぱいいる。ただそれだけにすぎないのですが、問題はその省庁にいる「お友達」が言ってることを、自称・専門記者が疑いもせずにそのまま書いてしまうこと。すぐ役人に騙されるんです。役人のほうは、利用しようと思って付き合ってるだけのことが多い。

自分を上級国民だと思っている記者たち

――大手の新聞社は、いまだこういった「縦割り」で動いていて、国民目線で社会を横から串刺しにして見る、ということが全くできない。だから、「防衛力強化よりも少子化対策のほうが重要だ」という横断的な視点から論評できないのです。

「国民みんなの幸せのために何が最善か」という観点でジャーナリズムをやっている人は今の新聞社では少数派です。そこに、泉さんが感じる違和感の原因があるように思います。

みんな、自分がいる「縦」の枠組みの中でだけ生きてるんです。だからコロナ対策の報道も腰が引けてしまう。厚労省や感染症の専門家に気に入られることが専門記者としての地位を高めると思っているから、常に官僚や専門家の言いなりになる。

本来ジャーナリストは専門家である必要なんかない。専門家に知識で負けてても構わない。権力を監視するプロなんだから。庶民の代表として、知識がなくても堂々と「わかりません、説明してください」と問うのが、本当のジャーナリストです。

泉　その通り！　いや、新聞に私以上に強い怨念がありそうですね（笑）。

――記者が「自分たちはエスタブリッシュメントで上級国民」「俺は外交詳しいぜ」「俺は事件のこと誰よりも知ってるぜ」と、専門家のフリをしていることが大間違い！

泉　同感！　感動的に同感！

いま、新聞社が抱える問題点を聞きながら、合点がいったのですが、ホンマに「ちゃんと市民に取材しろよ」と思いますわ。だって、取材してないんだもん。結局、市民・国民の側からの報道ではなくて、基本的に権力サイドからの情報を垂れ流してるんです。コロナ報道にしたって、まさに大本営発表じゃないですか。

権力者から国民に刃を突き付けるのを、マスコミが手助けしている。やたら国民に諦めさせる方向で報道しますよね。増税に関しても、「日本にはお金がありません、無理です。皆さん諦めてください。これ以上贅沢を言うのであれば、金出しなさい」みたいなこと言いますやん。なぜ国民に取材して、国民目線の報道をしないのか……。

——私は2021年に退社するまで25年以上朝日新聞にいましたから、記者の質がどんどん低下していくのを目の当たりにしてきました。政治報道で言えば、本気で政治家に怒ったり、「国民のためにこういう政策をやるべきだ」と思っている記者が、ほとんどいなくなってしまったんですね。

残念ながら、朝日新聞の記者の8割以上は、そもそもやりたいことがないし、保身しか考えていない。「自分が出世したい」とか、「社内の立場を守りたい」と考える人たちにとっては、抗議がくるような原稿はリスクでしかないんです。本当に訴えたいことがあればリスクを背負ってでも闘うはずですが、そもそも伝えたいことがないから、リスクを負う勇気も持てない。

東京のデスクが記事を捻じ曲げる

泉　たしかに新聞には腹の立つことが多いですが、言っておかないといけないのは、心ある記者もたくさんいらっしゃるということ。

大手紙ですが、わざわざ東京から明石市まで来て、2泊して丁寧に取材していた記者もいました。明石市の取り組みについて、すごく熱心に話を聞いてくれて。実際に暮らしている明石市民のリアルな声もたくさん拾っていて、私も感心してたんです。

ところが、その取材内容は記事にならず、全然違う形の記事になりました。結局、東京にいるデスクが止めたんです。現場から上がってきたネタに対して、「そんな夢のような話はない。きっと、インフラがボロボロなはずだから、そう書け」と。

インフラ批判は、もはや明石市批判の定石みたいになってるんですけど、そんなこと言ってる市民は誰もいないですよ。だって事実じゃないんだから。でも、東京にいるデスクが勝手にそう思い込んで、その思い込みに当てはめるわけよ。

もうガックリきて、「あれだけ一生懸命取材して、なんでこんな記事になるの？」と記者に聞きました。そしたら、「ごめんなさい、デスクに直されました」と。その記者もうなだれてましたわ。

――現場の記者が一生懸命取材しても、上司のGOサインがないと記事は出ません。上司

の頭が固ければ、取材の成果が無になってしまうんです。

泉　絶対明石には来ないデスクのせいで、ホンマに酷い話ですよ。

そういえばこんなこともありました。東京都に先立って、明石市も5000円独自給付を発表してるんです（2022年12月6日発表）。親の所得に関係なく、18歳までの子どもに毎月5000円支給するという内容で、信頼している大手紙の女性記者が、取り上げようとしてくれました。

でも、記事になる直前に上司から「待った」が入って、記事は止められてしまった。上から何て言われたかというと、「たかだか5000円じゃ意味ないだろ」だって。その女性記者は、食うや食わずの状況で苦しんでいる子どもにとって月5000円がどんな意味を持つのか、5000円でその子の進路が変わる可能性すらあることを、ちゃんと取材してるんです。リアルな現場を。

高給取りの偉いさんにとって月5000円は「たかだか」かもしらんが、5000円で人生が変わる子もいる。これが現実です。意味があるから給付するんです。

結局、大手新聞はタテマエばっかり。鮫島さんが指摘したように、リアルな取材を生かせない新聞社の構造に根本的な問題があるのでしょう。

世の中は、たえず変化している。せっかく、いま世の中で起きている現実を伝える力が新聞にはあるのに、「もったいないなぁ」とつくづく思います。これは偶然かもしれませんけど、東京から明石市まで足を運ぶのは、たいてい女性記者。そして記事に横槍を入れてくるのは、たいてい東京にいるオッサンですわ。

子育てに注目が集まるのを嫌がる男たち

——偶然じゃないかもしれません。新聞社である程度偉くなってる人間は、子育て支援に注目が集まることが「自分たちにとって損だ」という古い感覚がある。自分たちが順調に出世してきた会社内の価値基準が変化するのが怖いんです。

彼らは、これまでの「男性優位社会」、「男性目線社会」、「仕事優先社会」を維持したい。インターネットなんかよりも紙文化を維持したい。なぜかというと、そのほうが自分たちは威張れるから。そういう自己保身が、子育て記事に対する拒否反応に繋がっているのでしょう。

泉 よくよく話を聞くと、結局彼らは子育てしてないんですよね。子育ての大変さとか、実際にお金がどのくらいかかるのかとか、まったくわかってない。保育所の送り迎えも含めて、子育ての実感が完全に欠落している。

岸田文雄首相が年頭会見で表明した「異次元の少子化対策」と、防衛費増額に伴う増税。この2つの問題の取り上げ方に、新聞社の本心が出ていると感じました。

一般世論は当然、リアリティのある子育て重視ですよ。防衛についてはいろいろな意見や価値判断があるでしょう。少なくとも2択から選べと言われたら、普通の国民感覚からすると子育てを選びますよ。でも、新聞の論調は、その逆に偏っている。

アメリカとの関係うんぬんを並べて「防衛は不可欠」と書き、その一方で、子育ては財源論に落とし込んで「困難な舵取りが求められる」とか言って終わらせちゃうでしょ。完全に国民感覚からズレています。

――政治部記者の立場からすると、子育てが現政権の最大のイシューになるよりも、日米同盟とか防衛強化が最大の政治テーマとして次の選挙の争点になったほうが、自分たちの発言力が大きくなるからでしょう。

泉　そういう要素もあるんでしょうね。少子化対策や子ども予算については、やたら抽象的なことを書いて、「財源はどうする?」みたいな話に持っていく。

――外交や財政がわかっているフリをしないと、論説主幹とか論説委員にはなれない。でも子ども政策がわからなくても論説委員にはなれる。その時点で、新聞社は国民目線からかけ離れているんです。

泉　「女子どもは下」みたいな本音があるんちゃうか、と勘繰ってしまいます。

官僚に引け目を感じる東大卒の朝日記者

泉　なぜ新聞がここまで頑なに変化を受け入れないのか。考えてみると、やっぱり自信がないのでしょうね。自信があるフリをして偉そうにしているだけで、全く物事の本質を理解していない。だから自分より知識がある官僚や御用学者とか、そういう連中に睨まれると、一瞬で丸め込まれるわけでしょ。

第四章でも言ったけど、中央省庁の官僚なんて、全然偉くも賢くもないですよ。

――全く同感です。

泉　私なんか18歳までド田舎育ちですやん。それで東大入って最初に驚いたことは、みんな全然頭が良くないこと。ビックリしました。脳みそが動いてないんです。

過去問をいっぱい解いてきたから、処理能力は高いです。でも、自分の目で見て、耳で聞いて、脳みそを動かすことができない。単に上手に作業してるだけ。上手に作業して誤魔化すのが上手なんです。そういう人たちが、こぞって財務省とか厚労省に行っている。

彼らは、受験を突破する技術は高いかもしれないけど、それを賢さとは言わないでしょ。賢さが何かというと、本質を見抜く力、時代を切り開く力です。彼らにそれがあるかといったら、全員が全員とは言いませんが、ほとんどありません。

――私はそんなに必死で勉強したわけじゃないけど、国家公務員Ⅰ種の1次筆記試験に受

かってるんです。その話を財務省とかの役人にすると、平静を装ってるけど嫌がっているのがわかります。

泉

――ええ。なぜ記者が権力に弱くなってしまったかというと。実は、東大から記者になった人が、朝日新聞にいっぱいいいるんですよ。彼らは、大学時代の成績で、大蔵省に行った人に負けている。最初から引け目があるんです。外交官になりたいけどなれないから記者になった。大蔵省に入りたいけど入れないから記者になった。大学院に残ったけど学者になれなかったから記者になった。そのようなコンプレックスを持った記者がゴロゴロいますよ。

キャリア官僚になるための、世間では「難関」と言われる試験ですからね。

医師を取材する科学部の記者だって、医師になりたかったけれどなれず、でも理科系にいたから科学部の記者になった、という人が多いです。そういう記者は医師にペコペコして、「自分は馬鹿と思われたくない」一心でゴマをする。「僕はよくわかっているから認めてください」という姿勢で取材をするから、医師の言ってることを垂れ流す。

人間誰でも、どんなに頭が良い人でも嘘をつく。それを見抜くプロが新聞記者なんだから、本来は専門知識も学歴も要らないんですよ。

まず、素直にわからないことはわからないと認めて、「自分は素人です、でも庶民の代表として、説明責任を求める」と問う。これがジャーナリズムでしょ。その原点を忘れて、「エリートになりたい」「エスタブリッシュメントの仲間入りをしたい」と。そんな奴らばっかりが、記者をやってる。

泉 止まりませんねぇ（笑）。

自称エリートたちが引き起こす「負の連鎖」

――止まらないついでに、もう一つ。新聞記者が記者を辞めたあとに就きたい、一番憧れの職業を知ってますか？　みんな大学教授になりたいんです。記者を辞めて大学教授になるのが、一番のステータスだと思ってるの。だけど、ステータスを求めて新聞記者をやっていることが、そもそも大間違い。そういう記者が庶民目線で権力者を追及できるはずがない。

泉さんの「10歳から明石市長になりたい」のように、強い思いを持って働いている人が新聞業界にほとんどいない。官僚や外交官、政治家、弁護士、学者。どれになってもよかったけれど、試験の成績が足りなくて新聞社に入ったという人たちが、いまの会社の中枢にいる。それが新聞社の大問題だと私は思います。

泉　いっぱい言いたいことがあるんですが、結論からいうと、財務省の官僚がいちばん害悪なんですよ。作業能力がいちばん高い人が財務省に行く。すると、厚労省とか他の役所の人間は財務省に引け目を感じてしまっている。記者もそうだという話ですけど、それこそ、どこも引け目だらけなんです。

私に言わせてもらえば、財務省の上のほうの人間はそんなに賢くもないし、全く政治がわかってない。わかっていない人がわかったフリをして進めるから、おかしなことがボコボコ起きる。彼らは、「自分たちがいちばん頭が良いんだから、自分たちの判断がいちばん正しい。その自分たちが考えるに、これ以上は増税しないと無理です」と言いますよね。でも、それ単なる思い込みですから。

にもかかわらず、厚労省は財務省に引け目を感じてケンカを売らない。だから厚労省は税金ではなく保険制度で何とかしようとする。介護保険もこども保険もそう。何でもかんでも保険を作る。それにまとわりついている社会保障系の学者、ジャーナリストは厚労省の言い分を垂れ流す。「こども予算を作るためには、こども保険が要る！」とか言ってね。

そんなものまったく要りませんよ。保険を作るヒマがあったら「財務省と掛け合って財源確保しろよ」という話なんだけど、彼らは財務省にビビってるから言えない。財務省に掛け合うことなく金を作るためには、保険しかない。

繰り返しになりますが、財務省には「金握っとんのやから、やりくりしたらええやないか」と言いたいし、厚労省には「保険増やしても税金は下がらないんだから、国民負担増えるだけやん」と言いたい。

財務省と厚労省が、馬鹿の一つ覚えで、競うように税と保険を取りまくったから、5割近くまで国民負担が上がっているのに、国民に全然恩恵が戻ってきてないでしょ？ 本当に間違ってるんですよ。だけど、間違っていることを新聞記者は報道しない。記者もわかったフリして、垂れ流すだけ。

——わかったフリの連鎖は、財務省から始まり、ズルズル降りてきているというのは非常に興味深い見方だし、その通りだと思います。

部数が減ると国に媚びる最悪の経営陣

——さて、ここまで話してきたのは、新聞社の現場レベルの問題ですが、もう一つ大きいのは経営レベルの致命的な問題です。ご存知のように、いま新聞は発行部数が大幅に減ってどこも経営がピンチに陥っている。

購読者は高齢者しかいなくなり、広告の単価も激減しています。かつて、朝日新聞の一面広告は3000万円と言われましたが、いまは数百万まで単価が落ちている。

それでも誰も出してくれない。そこで、弱りきった新聞を何が支えているかというと、政府広告、自治体広告です。

経営が傾いた結果、税金ビジネスと言いますか、電力会社なんかも含めて公的な団体・機関への依存度が上がってしまったのです。その結果、当然、広告料を払ってくれる団体を批判しにくくなる。経営的にも「なるべく政府や自治体とことを構えるな」と。

泉 そうそう。

——明石市を例にとると、地元新聞は明石市に新聞をいっぱい買ってもらって、コマーシャルも出してくれる限りは応援するけれど、そうでなくなった瞬間に牙を剝く。現場だけじゃなく経営を担っている上層部も腐っているというのが、新聞の現状です。市長をやっていると、これ感じません?

泉 それはもう、明らかにそうなってますよ。明石市長になったときにビックリしましたが、自治体と地元紙の癒着は酷いもんです。

「知る権利」の観点から、新聞に軽減税率8%が適用されること自体、ダメとは言いません。でも、なぜ定期購読の新聞だけやねん。駅売りの場合は10%だし、出版社が出す雑誌や書籍も10%でしょ。

国民の知る権利に奉仕してると主張するなら、メディア全体が8％で共同戦線を張って、一緒に闘えよ、と思う。なんで自分たちだけ得してんねん。それこそ、大手新聞社が政府と手を繋いでるだけですやん。

自分たちが優遇されていることもあって、新聞が消費税増税を批判できなくなった。これは大問題だと思います。

メディアたるもの、魂だけは失ってはいけないと思うのですが、残念ながら魂を失いかけているように見える。体質はいつまでも古いままで、紙面の中身はどんどん悪くなっているように感じる。

——中にいるとよくわかるのですが、これまでテレビと新聞は情報を発信する権利を独占してきましたよね。それによって、やたら高い社員の給料を維持してきた。

彼らにとって、自分たちが独占してきた権利が奪われてしまうから、インターネットは脅威なんです。さらに、今まで情報を独占して威張ってきたから、インターネットとかITとか、新しい技術を学ぶ謙虚さも足りない。だから乗り遅れちゃったんです。

ネットに対して嫌悪感があるから、ネットメディアが泉さんを持ち上げると、新聞は逆に「ネットで褒められるような人間は大したことない」と、インターネットの価値を低く見ることで自分たちを上げようとする。そういう心理構造になってしまっている。

泉　新聞がやたら私や明石市を攻撃するのは、そういう事情もあるのでしょうね。

テレビの報道はウソだらけ！

まるで取材をしていない

――私自身も新聞には思い入れが強いので、つい熱くなってしまいました。続けてテレビにいきましょう。泉さんの目に、最近のテレビ報道はどう映ってますか？

泉　これだけユーチューブやらいろいろある時代で、テレビもしんどいですよ。制作予算が減ってきているので、ほとんど取材しないですよね。

明石市の政策なんかも、東京のメディアでもたまに取り上げられますけど、取材も問い合わせもなく流されることが多い。その荒っぽさたるや、「さすがに確認ぐらいしてよ」と思いますけどね。本当に時間を埋めるような作業をしているな、と。反面、暴言騒動なんかの不祥事は嬉々として報じるんですよね。

10～15分とか、ある程度まとまった特集を組む時にも、褒めすぎてはいけない、反対意見も入れとかないといけない、という思い込みがテレビにはあるようで。明石市の施策が報道されるときは、バランスを取る形で、とにかくマイナス面を無理くり付け足そうとする。結果、「明石市は頑張っているけれど、あの市長はロクでもないよね」みたいな形の番組ばっかりで。「もっとちゃんと伝えてよ」と思ってしまうことが多い。正直、もったいないと思いますね。

――テレビといえば、MBS（毎日放送）と大喧嘩されてましたよね。なんでも、泉さんが参加していたイベントで「知事（斎藤元彦兵庫県知事）に言って業者を替えてやる」などと高圧的な発言があったとか。あれは一体、どういうことなんですか？

泉　いや、随分前の話ですし、今後もありますので今さら蒸し返したくないのですが……。

天皇皇后両陛下も臨席される「全国豊かな海づくり大会」というイベントがありまして、その第41回大会の開催地が兵庫県でした。私は実行委員会の副会長を務めていたんですよ。イベント自体は2022年11月に開催されたのですが、そのプレイベントが2021年10月にありまして。

広告代理店も含めて4社が出資していたのですが、そのうちの一社がテレビ局で、進行を担当していました。それで、プレイベントの進行があまりに悪かったので、副会長として「もっとこうしたらどうですか」という形で提言しました。絶対に「知事に言って業者を替えてやる」なんて暴言は吐いていません。

――「明石市のPRが少なすぎる」と難癖をつけたともバッシングされました。

泉　なんでそんな話になったのか、まったくわかりません。

アナウンサーも現場にいたから、「事実じゃない」と私を擁護してくれるのかと思っていたら、全然言ってくれなくて。結局は、テレビ局の広報がバッシングに追随してしまった。あれはビックリしましたね。「真実は違うと知ってるのに、黙ってるどころか嘘に乗っかるのか」と。

たまたま、近くに市会議員も含めて人がいっぱいいましたから、ネット上ではあの発言はなかったということになってますけど、「また泉が暴言を吐いた」と世の中には誤って伝わってしまった。私、そんなのばっかりですけどね。

そうした一連の騒動があったときに、ちょうど衆議院選が迫っていて、そのテレビ局のネット特番のメインゲストに決まっていたんです。そうしたら、直前に局から連絡があって、「番組冒頭に（例の問題発言の件を）謝罪してもらえますか？」と言ってきた。「言うてないことを謝罪なんかできまへんがな」と断ったら、「今回は御縁がなかったことに」

と、私のゲスト出演がキャンセルされました。
まあ、あれから時間も経ってますし、この前そのテレビ局の番組にも出させてもらいました。それで、一種の手打ちかなと捉えています。私としても、いつまでもテレビ局と全面戦争する気はありませんから。

市民はテレビのウソに気づいている

――そういうことだったんですか。2022年3月に副市長2人が辞めた半年後に、MBSのニュース番組で泉さんを極悪人のように批判する特集をやってましたが、そうした確執が背景にあったのかもしれませんね。

泉 あの件で、テレビとかマスコミは「打たれ弱い」ことに気づきました。いつも叩く側で叩かれた経験がないから、批判されると逆上するんやね。私に「でっち上げ」と言われて、上層部は激怒したそうです。攻撃されると過剰に反応しますね。

――役所と一緒でマスコミも減点主義なので。ケチがついたら出世に響く、と思うのかもしれません。

泉 なるほどね。でも、これほどマスコミに叩かれまくっているのに、よく市民は離れずに付いてきてくれたと思います。本当にありがたい。

途中からは、叩かれれば叩かれるほど市民の人気が高まる手応えがありました。マスコミはもう信用されてないのでしょう。「テレビが言っているから真実」、とは誰も思ってませんからね。ネットニュースなんかも使って、物事を複合的に見ながら、情報を把握しているんだと思います。

そういう意味では、個人が多様で幅広い情報が得られる時代になりました。一方的に、テレビと新聞が情報を送りつける時代ではなくなっている。これは良いことだと思います。

――テレビといえば、近頃、関西に行ったときに感じるのですが、維新はその辺のテレビ戦略が……。

泉　上手！　半端なく上手！

――維新のテレビ戦略は、どういうやり方なのですか？　東京にいると、見えない部分があります。

泉　やはり吉本興業と組んでいるのは強いでしょう。吉本のトップが維新支持だから、吉本芸人はテレビでやたら維新のことを褒めますやん。吉本の関係者と食事すると「泉さんに維新を批判されたら困ります」と言われますもん。

――大阪市長、大阪府知事と大阪のポストを維新が取ったことが大きい。

泉　大きいと思いますね。まあ、維新を政党としてどう見るかは評価が分かれますが、それまでの「ザ・自民党政治」からの転換を図り、古い政治vs.新しい政治という構図を作った。そこが、テレビ的にも見せやすかったのでしょう。

――泉さんも維新に負けず劣らず、関西でのお茶の間人気は高い。テレビからのオファーが今後増えるんじゃないですか？

泉　すでにいくつか来てます。大きいところでは、関西で人気の朝の番組からレギュラーコメンテーターのオファーがありました。

プロデューサーからは、「泉さんはお母さんに絶大な人気ですから」と言われました。視聴者層は、子どもを小学校に送り出すお母さんが中心ですから、「朝、泉さんに出てもらったら、話題性も高まるしありがたい」と。

でも、上層部からは「暴言市長がうちの朝の顔か……」みたいな意見もあって、揉めてるみたいです。レギュラーが決まったとしても、一回失言したら終わりやから、短命に終わるかもしれない（笑）。

雑誌とネットメディアはなぜ私に好意的なのか

――比較的泉さんに好意的だという、出版メディアとネットメディアの話に移りましょう。

雑誌は読者に向き合っている

泉　出版社系の雑誌は、私、相性悪くないんですよ。この5月から写真週刊誌『FLASH』での連載も決まってます。これまであまり読む機会がなかった『FLASH』を改めて隅々まで読みましたけど、女性の水着グラビアばっかりで驚きました。世相を斬る連載なんです。女性の生々しい水着の谷間、じゃなくて狭間で私が世相を斬ったところで誰が読むねん！　と不安になりましたが、「読みたい読者は絶対いますから、ぜひお願いします」と言われて引き受けました。

硬派な雑誌からはあまり声がかからないのですが、『日刊ゲンダイ』や『SPA!』『週刊プレイボーイ』などにも取材をしていただいたし、意外とグラビアを売りにしている雑誌から声がかかることが多いです。

ああいう雑誌はタテマエを振りかざす新聞と真逆で、本音が求められるんですよね。

――雑誌にはもともと、お金を出して買ってくれる読者を大事にする文化があるから、新聞やテレビの報道のように「一方的に発信して終わり」ではない。いまの時代は読者の目も肥えているから、タテマエでは売れませんからね。

泉 雑誌では比較的、言いたいことを言わせてもらえますし、私としてはありがたい。

――新聞の購読者が激減するよりも先に出版不況が来たので、出版界のほうが「読者目線でないと売れない」と先に気づいたところがあります。デジタル化も新聞社より早かった。

ネットメディアとは相性がいいということですが、泉さんがネット民に受けるのも、やはり本音をズバッと言うからだと思います。ツイッターも大人気です。

泉 私がツイートすると、ビックリする速さでネットニュースになることがあります。たしかに親和性が高いかもしれません。総理批判なんかしたら、すぐですわ。

ネットメディアが好きなのは、他のメディアと比べて制約が少ないからです。新聞や雑誌と違って文字数や紙幅に制限がありませんし、テレビのように尺が決まっているわけでもない。

テレビのストレートニュースも、新聞のベタ記事も短いでしょ。そうなると、「明石市長が暴言吐いた、以上」で終わってしまう。でも、ネットメディアは分量に制限がないから、インタビューをフルに載せてくれることもあります。そうすると、話題となっている出来事の背後や、当事者の思いを深掘りできる。私としては、非常にありがたい。
これまでも、私が暴言を吐いたとバッシングされたときに、その場面の「フル動画」がネットに流れて、真意がわかってもらえて助かったことがあります。

ネットの登場でテレビと新聞のウソがバレた

――明石市長と明石市民との関係で言うと、市民が政治ニュースを見る媒体は何がメインだと感じていましたか？

泉 肌感覚で言うと、圧倒的にインターネットが強かったです。ツイッターを見てくれている市民も多かった。それこそ新聞なんて、前日にひと段落して、すでにみんなが知っている出来事を、いちいち印刷して翌朝に配るわけですから。
「そんなに遅れて、わざわざ紙にする必要があるの？」という状況ですよね。

――泉さんも私と同様にジャーナリズムの世界に身を置いていたので、インターネットがどう情報伝達のあり方を変えたか、注意深く観察しているのだと思います。
いまは明らかに、権力者と仲良くなって情報を取るという、昭和の取材手法が通用する時代ではありません。それよりも、ジャーナリスト自身が発信者として影響力を持って、情報を引き寄せる時代になっている。

自分の感性を研ぎ澄ませて、問題意識をバーンと世に発信する。そうすると、見ている人が「この人ならわかってくれる。この人に聞いてもらいたい」と思って情報を提供する。いま求められているのは、磁石のように情報を吸い寄せる力。

発信力がないと情報が集まらない時代になっています。

泉　同感です。自分がツイッターをやっていて実感するのは、やっぱり受け手はよく見ているということ。私の強みは、現職の明石市長として実際にやったこと、その実績なんです。抽象的な話ではなくて、「明石ではこうやりました。そしたらこんな結果になりました」と実績で語る。情報の受け手は、欠点も含めて発信者のトータルの人格を見ている。その中で、情報の信用度も測るわけですが、何よりも説得力を持つのは「実績」や「結果」だと実感しています。

——さらに言えば、自分をさらけ出すことでようやく信用されるんです。「自分はこういう価値観で社会を見ている」とさらけ出した上で、だからこの問題を自分はこう考える、というところまでパッケージで示さないと信用は得られません。新聞が「客観中立」と言いながら両論併記しかしないのは、自分の立場を鮮明にして批判されるのを恐れているからですよ。だいたい何を取材するのか、どの記事を大きくするのかと判断する時点で「主観」が入っているんです。それを誤魔化して、安全地帯から「客観中立」なんて言う新聞が信用されるはずがない。

泉　テレビや新聞の「客観中立」というウソは、ネットメディアの登場により、完全にバレてしまいましたよね。でも中にいる人たちはなかなか変わろうとしない。

――それも保身ですよ。いままで通りやったほうが楽だ、俺はそれで逃げ切れる、と思っている人たちが経営の中枢にいるからです。

泉　本音を言いすぎたら、テレビからお呼びがかからなくなるかもしれないな（笑）。

第七章 リーダーシップ論

私が明石でやったような改革が、かつてより国政で実施しやすくなっている。
国民に足場を置いた「転換型のリーダー」が生まれれば、
一気に日本社会のあり方を変えることも可能です。

闘うリーダーが求められる時代

リーダーには二種類ある

――12年間、明石市のリーダーとして数々の修羅場をくぐってきた泉さんにとって、理想のリーダー像とはどんなものでしょう。

泉　リーダーのあり方に、一つの正しいモデルはありません。個々人の特性も違うでしょうし、時代・状況に応じて求められる姿も変化する。私は、私にできる形で明石市長を務めただけで、良いリーダーかどうかは、他人が判断することだと思っています。

ただ、市長を務めた経験から言えることは、「転換を図るリーダー」と「延長・継続を志向するリーダー」は、そもそも別物だということです。思い切った決断をして状況を打開し、転換を図るタイプのリーダーには、時として腕力が必要になる。

それと、リーダーシップを発揮できる立場かどうか、ということも実は大きい。

——それはどういうことです？

泉　総理大臣と市長を例にしてみると、総理大臣の場合、いまでこそ官僚の人事権を持っているし、リーダーシップを発揮しやすくなっていますが、議院内閣制の下での総理大臣は転換を図るよりも調整型のリーダーという性質が強い。一方、市民に直接選ばれる市長は、わかりやすくいうと大統領型ですよね。やろうと思ったら権限を行使して実行に移せる立場にありますので。転換を図るタイプのリーダーが実力を発揮しやすい。

——総理大臣は、与党内の権力闘争を勝ち上がり、国会議員による投票で過半数を得て指名されるわけですから、党内や国会を調整する能力が求められます。選挙制度と議会の仕組み、その両面から市長とは性格が違う。自治体の首長のほうが、総理大臣よりも個人としてのリーダーシップを発揮しやすい。

泉　ええ。そして、「冷たい社会を優しくする」という大きな目標があった私にとっては、社会を変える、つまり大転換を図る必要があったわけです。

20歳の頃までは革命家を目指していた。良いほうに世の中をひっくり返したかった。徐々に「民主主義と付き合うしかないか」と現実と向き合う中で、市長だったら自分の手で社会を変えていけると判断し、そこに目標設定したわけです。

大学時代から、いろんな方のリーダーシップに関する本は読み漁ってましたが、自分は明らかに調整型ではなく、誤解を恐れずに言えば「独断型」だと自覚していた。市長になって、国から独立して「明石共和国」を樹立してやろうと本気で考えてましたし。

必要なのは転換型リーダー

泉 さきほどの「国─県─市」の議論でも出てきましたが、市民に最も近いのは市。中間管理職的な都道府県の知事ではなくて、市民に近い立場の市長が自分の性質に合っていた。権限を行使して大きな方針転換を図れるのが市長です。

──いま国政が迷走していて、政治と国民の距離がかつてないほど離れています。既成の野党への期待感もなくなり、私のところにも「泉さんのようなリーダーが総理大臣になってくれれば日本も変わるのに」と意見が寄せられることが多い。

市長と総理大臣に求められる資質は必ずしも一致しない、という話ですが、共通して求められるリーダーシップ、政治指導者としての器のようなものがあると思います。泉さんが国政に行くかどうかは置いておいて、泉型のやり方を国政に当てはめることはできないのでしょうか?

泉 かつての私の理解では、仮に私が総理大臣になったところで大した仕事はできないだろうと思っていましたが、状況が変わってきている。官邸が官僚の人事権を握り、総理大臣でもかなりの権限行使ができるようになりました。

つまり、私が明石市でやったような改革が、かつてよりは国政でも実施しやすくなっている。もちろん、その権限を悪用する危惧もあるわけですが、国民に足場を置いた総理大臣が生まれれば、一気に日本社会のあり方を変えることも可能です。その時は当然、これまでの「調整型」あるいは「継続志向型」のリーダーではなく、「転換型」のリーダーが求められるでしょう。

――まさに泉さんタイプ。

泉 いえいえ、政治家引退を表明していますし、それはないですよ。それが誰なのかは国民が選ぶことです。

都道府県不要論、ふたたび

自治体と国は対等

泉 私が市長というリーダーを務める上で幸運だったのは、１９９０年代に一連の地方分権改革が進んでいたことです。２０００年に施行された地方分権一括法では、地方への権限委譲が明文化され、これまで「上下・主従関係」だった国と地方の関係が「対等・協力関係」になることが明記されました。

まだ過渡期であり、多くの権限が都道府県止まりになっているのはこれまで申し上げた通りですが、少なくとも制度上はそうなっている。つまり、「国―兵庫県―明石市」という序列はすでに撤廃されており、明石と国は対等なんです。

にもかかわらず、中央省庁の官僚も政治家も、それから地方自治体の首長本人も、その前提を共有していない。誰もが「国が上で、地方が下」だと考えている。法律が変わっているのに、現場の意識はまったく変わっていないわけです。

私は市長をやる上で、対等であるという前提で国と交渉したり、国に刃向かってでも明石市独自の施策を実行してきました。それで国に何か言われたことはない。国が市に対して上から権限を行使することはできないんです。

――必要以上に、国に遠慮する必要がなくなった。

泉 ええ。実際、ケンカすればいい勝負できるんです（笑）。だって、対等なんだから。

――そこが、市からさらに小さい単位の地域コミュニティに権限を委譲しようという明石市の取り組みに繋がってるのですね。「国―県―市」という序列はないのだから、より市民に近いところに権限を移していくと。

連邦国家のアメリカと比較するとわかりやすいのですが、日本は法律上変わってきているとはいえ、依然として中央集権国家なんですね。まずは国家の中央省庁が自分たちがやりたいことをやり、面倒臭かったり手が届かないことだけ都道府県へ押し付けていく。都道府県はその中から自分たちがやりたいことだけやり、残りは市町村へ丸投げしていく。市町村の現場には国家や都道府県が手に負えない政策課題ばかりが降りてきて、日々それをこなすことに追われてしまう。上位下達の行政システムの矛盾が市町村の最前線に凝縮して現れる。上へ行くほど無責任になるんです。

アメリカは逆です。日々の暮らしに直結していることはできる限り、地域で決め、地域でやる。そこで手に負えない政策課題を市↓州政府↓連邦政府というように、どんどん大きな行政組織へ上げていく。外交防衛や金融政策など、各地の現場ではどうしようもないことが、連邦政府の役割として残ってくるんです。各地の市民ができる限り主体的に物事を決める。これぞ主権在民です。上から決定事項が降ってくる日本とは真逆なんですよ。

泉　おっしゃる通りで、日本では国家が一番上に君臨していて、国民のために政策を決定しているという勘違いが、いまだに続いている。だけど法律上、地方の上に国が位置しているわけでもないし、中央省庁や政府が国民を見て政策を決めているわけでもない。「ごめんね、残念ながらちゃうかったわ」ということです。もう国には期待せずに、「自分たちで自分たちの社会を作り始めよう」というのが、明石からのメッセージかな。

霞が関の赤ペンは無視していい

――実際には、どんなことで国とケンカしました？

泉　市長就任当初から「新しいハコモノは極力新設せずに、使いこなせていない施設の用途を変更して利用すればいいじゃないか」と提言しました。一期目は、市役所中から総スカンで「そんなことはできません。国の補助金を受けて作った経緯があるから、施設の用途変更なんかしたらカネの返還を求められる」と、職員たちに羽交い締めにされるように諭された。「そんなことないやろ」と思ってたんですが、みんながみんな、そう説明する。

私としては、もやもやを抱えながら二期目に入り、「もう構へん」と開き直りました。返還を求められたら裁判で闘うからと説き伏せ、経産省系統のハコモノを保健所に変えたり、完全に用途を転換させた。つまり、経産省管轄の施設を、厚労省管轄に変えてしまったんです。

それでね。やってみたら何にも起こりません。誰も怒ってこないし、国から返還を求められることもなかった。

それからもう一例。総務省主導の地方創生推進交付金というのがあります。タテマエは地方創生を謳っているから、それぞれの自治体ごとに自由に取り組みを決められることになっていた。でも実際は、総務省がメニューを提示してきました。「明石市はこれに従え」いうことですわ。

自治体ごとに、交付金を使ってどんな事業にお金を使うか企画書にまとめて提出するのですが、それに対して総務省が赤ペン入れて突き返してきた。その修正内容が、あまりにも本来我々が目指していた目的とかけ離れていたから、すぐ総務省に電話をかけて「どういうことですか？ 自分らで自由に使える金じゃないんですか？」と詰めました。そしたら「自由ではありますが、総務省の了解が必要です」という。「それって自由って言えるか？」という話です。その時も、「総務省の赤ペンなんて気にしなくても構へん」と強行することにしました。役所の職員たちはビビってましたけど、「いいよ、何かあったら俺が責任取るから」と納得させて。結果的には、総務省から何のお咎めもなし。考えてみれば当然です。だって、明石市に言うことを聞かせる権限を総務省は持ってませんから！

だから、恐れることは何もないの。だけど、多くの首長や役所職員は、昔ながらの因習を引きずって国にビビってる。

――自治体が地域の特色やニーズに応じた施策を進めることは十分可能だと明石市によって実証されたわけですから、他の自治体もどんどんそのやり方をパクればいいのに。現状はそうなっていません。

泉　そこに構造的な問題があります。「お上主義」が強すぎる。反論したら余計炎上するからツイッターでは控えていますが、私に対する批判でいちばん腹立つのが、「明石市長は偉そうなことを言うけれど、結局国の金もろとるやろが」というやつ。

あのね、地方交付税は本来、地方の金ですよ！　明石市民のお金なの！　それをいったん国が奪っておいて、地方に戻すわけです。なぜそんな回りくどいことをするかといえば、権力に従わせるためです。たとえるなら、子どもの預金通帳からカネを勝手に引き出しておいて、「返してほしければ言うことを聞け」と威張っている親みたいなもんです。明石市が喚《わめ》いているのではなく、そもそも国が理不尽なことをしているんです。

地方に権限を委譲せよ

――それを聞くと、国家の支配から市町村を解放することがいちばんの政治改革だと確信します。国家権力は暴走しないように憲法で徹底的に縛り、各市町村は市民の声を大胆に政策に移せるように権限を拡大する。そうすれば日本の政治はずいぶん変わります。

泉　そうなってくると、地方属性に応じたまちづくりも一気に広がっていく。権限と責任はセットです。多くの首長が自分には権限がないと思い込んでいるから、結局は責任も果たせないんですよ。

　私は何かあったら、こども家庭庁でも厚労省でも文科省でも、どこにだって出向きます。一応アポは取った上で「局長いますか？」って。最初の頃は、それを兵庫県からこっぴどく怒られました。

――「俺たちを飛ばすな」と。

泉　そう。「まず県に言え」と言うんですわ。彼らが思う「正しい順序」は、明石市の担当者から県の担当者に要望を申し入れて、それを兵庫県で決裁して国にお伺いを立てる。半年後には回答がくるから、それを待て、と。なんだそりゃ、という話です。

――ははは、それはひどい。

泉　県はそういう時代錯誤の面倒くさいことを言ってくるんですけど、直接、市長が行ってしまえば、意外と中央省庁もちゃんと対応してくれます。余計に「県って何なんだ？」と思いますよ。

これからは「市長が動けば結構やれるよ」と上手く伝えていきたい。全国各地の市長さんが市民のために知恵を絞ったら、どんどん市民に優しい行政が広がっていくでしょう。さらに言うと、最初からそういったことをわかっている方が各地で市長に就任すれば、市長になった後、無駄に戸惑わず自分のやりたい政策に集中できる。

せっかく市長になったのなら、何もしない4年間を過ごすのではなく、その人のキャラクターなり、やりたいことを示さないと意味がないですからね。地方から変革を進めていくことは十分可能だと、私は本気で信じています。

はっきり2タイプに分かれる官僚出身の首長

首長を「踏み台」と考えているヤツ

――かつては知事や市長が国会議員に転身するパターンが多かった。知事や市長は国政へステップアップする通過ポストだったわけです。最近は愛知県の大村秀章知事や群馬県の山本一太知事、東京都世田谷区の保坂展人区長のように、国会議員として当選を重ねた政治家が知事や市長に転じるケースが増えてきた。国会の「ワンオブゼム」として党議拘束に縛られながらサラリーマン化した議員活動を続けるよりも、自治体のリーダーとして具体的な政策を実行することにやりがいを感じる人が増えてきたのでしょう。政治家たちの意識も変わってきているように感じます。

泉　いい傾向だと思います。自分が主体となって自治体を変えていけることが、首長の醍醐味ですから、やりがいは国会議員とは比べものにならない。国会議員の一人として国会で立ったり座ったりしてるよりは、知事・市長になったほうが、よっぽど自らが思う政治を実現できると私は思います。

――あと相変わらず、キャリア官僚出身の首長も多い。彼らはどうですか？

泉　官僚出身は、見事に二つに分かれます。

60歳を過ぎて「最後に故郷のために」と言って地方に戻ってくる人には、いい市長・いい知事が多いです。つまり、それが彼にとって「最後のご奉公」という意味合いが強いですからね。実際、市民・県民のために最善を尽くされる方が多いです。

一方で、40歳辺りで市長・知事になる元官僚は、注意しないといけません。なぜなら、彼らにとってその職は「踏み台」だから。階段を登った先に見ているのは永田町です。名前は伏せますけど、明らかに「国会議員狙い」の若い首長がいるじゃないですか？　実際に、何人もそのルートで国会議員になっていますしね。

安倍晋三元首相の時代に、安倍さんの方針で「幼保の無償化（幼児教育・保育の無償化）」を進めたいと国が言いだしたことがありました。私は、ならば「そのお金は国が負担すべきだろう」と中央省庁の4大臣の前で強く主張しました。

これには背景があって、地方消費税率が10％に引き上げられる際、その3割が自治体に配分されるという国との約束で、地方六団体が消費税増税に賛成した経緯がありました。つまり、その3割のお金は各自治体が自由に使えるという前提だったのです。

にもかかわらず、国はその3割の配分を、「幼保の無償化」に充てるよう求めてきた。国が約束を破って、地方のカネの使い方に介入しようとしてきたわけです。国がやりたいというなら、国のカネで手当すべきでしょう。

それで、私が全国の市長を代表して、「おかしいだろ」と4大臣の前でドンパチ交渉してる時にね。中央省庁出身のとある首長さんが、私を応援するどころか、横から中央省庁の言い分を擁護し始めた。完全に中央省庁の言いなりで、「お前、どこに座ってんねん！邪魔するなら、向こう（中央省庁側）に戻れ」と思いましたわ。その時に、「こいつ、絶対次の国政選挙に出るやろ」と思ってたら、案の定出てましたね。

——いずれ国会議員として国政に戻るつもりだから、首長として市民の声を代弁するのではなく、中央省庁の代弁をしてポイントを稼いでおこうとしたんでしょう。国会議員になる前から「族議員」と化していますね。

泉　こういう人たちは、地方には本当は興味がないんです。その後、国会議員になること に関心があるのであって、地方をよくしたいなんて思っていない。

もちろん例外もありますけど、私の経験上、本当にきれいに割れるんですよね。たとえば、松江市の元市長である松浦正敬さんなんかは、旧自治省出身で、最後に地元・松江に戻られた。松浦さんは、市の自己決定権を拡大するために、中核市になることを目指し、実際に実現させました。そして、島根県から松江市へのさらなる権限委譲もしっかりと働きかけておられました。同じ市長として、すごいなと思いました。

やっぱり「我がまちを良くしよう」と本気で思っているかどうかが一番大きい。本気で思っている首長ならまちを変えることが可能です。有権者はその本気度を見極める必要がある。市長や知事を、踏み台としか見ていない候補者に騙されてはいけません。

野党こそ首長を担ぐべし！

大臣など何の実績にもならない

――自民党の総理大臣は、重要閣僚を経験し、派閥幹部にのしあがり、最終的に自民党総裁選に勝って最高権力者の座につくのが一般的です。けれども国政の最終決定権は常に総理大臣にあるから、全責任を負って決断するというシビアな経験をしないまま総理大臣になってしまうんです。

最終責任を負って政策を実行することが本当にできる政治家なのか。「トップリーダーとしての評価」が定まらないまま、総理大臣になる。国民が総理大臣を評価する指標は常に「実績」ではなく「期待」でした。だから政治家も「実績」をアピールするよりも「期待」を煽ろうとして口先ばかりになる。メッキが剝がれて期待が薄れ、内閣支持率が落ちて次の国政選挙で敗北する恐れが出てきたら総理大臣をすげ替えるということを繰り返してきたわけです。

総理大臣になる前に、実行力のある政治家かどうかを見極めることが国民にとっては重要です。アメリカでは州知事を経て大統領になるケースが多い。州知事としての実行力がすでに可視化されており、それが大統領選で評価されるわけです。日本でも与野党が知事や市長として目にみえる実績をあげた人を総理大臣候補に掲げて衆院選を戦うようになれば、「期待」よりも「実績」を競い合う選挙に変わり、政治の質は格段に良くなるでしょう。

泉　そうですね。クリントンなんかもアーカンソー州知事でしたし。そこでの行政手腕が認められて、大統領候補になるわけです。

――日本の議院内閣制でも、野党が知事や市長として成果を上げた人を総理大臣候補に担いで総選挙を戦うことはできます。当選回数や大臣経験よりも、自治体のトップとして何を成し遂げたのか、たとえば人口を増やして税収を伸ばしたという実績を掲げて「この街の人々をこれだけ豊かに、幸せにしたこの政治家に、国の舵取りを任せてみましょう。これが私たち野党の提案です」と有権者に向かって訴えれば、実現できるかどうかよくわからない公約を並べるよりも、はるかに説得力が増すでしょう。知事や市長の経験者を総理大臣候補に担ぐのは、そのリーダーの実績や能力を可視化してリアリズムを高めるという点で、今の選挙制度の中で野党が取りうる最も効果的な選挙戦略ではないでしょうか。

ぜひ、実際に明石市で実績を上げた泉さんの考えをお聞きしたい。こういう形での

国政の変革は、いかがですか？

泉　大いにあり得る話じゃないでしょうか。

首長が国会議員と違う点は、有権者を向いていること。もちろん、国会議員も選挙で選ばれるわけですが、実際に彼らが見ているのは派閥の動向だったり、業界団体だったりして、国民のことを見ているようで見ていません。

でも、市長や知事は市民・県民を見るのが仕事ですし、自然と市民・県民を気にして仕事せざるを得ない。かつ、最終決定権を持っていますから、リスクも含めて自分が決断して権限を行使するしかない。それで実績を上げたのならば、一定のふるいにかけられているわけです。有能な首長経験者は、総理大臣の適性があると言えるでしょう。

政権交代は次の次、と言う野党はいらない

泉　大阪府知事だって所得制限の撤廃を主張し始めてるし、東京都知事も子育て支援の方向に舵を切っている。「えっ」とみんなが驚くような方針転換も、できてしまうのが首長です。そりゃあ、全員が賛成な政策などないから「ばら撒き」と批判されることもあるし、「財源どうするんだ？」と追及されることもあるけど、なんとかするんです。どこかに嫌われたり怒られたりしても、やりきる。それが政治です。

個人的な好き嫌いは置いておいて、権限を使って方針転換を示す首長が出てきたことは嬉しいし、少なくとも、ずっと永田町にいる国会議員よりは、国のリーダーとしてふさわしいでしょう。だって、リスクを伴う決断を下した経験があるわけですから。

そういう意味で、与党と野党が首長経験者を担いで選挙を戦うというのは、理にかなっていると言えます。

——この新しい選挙の提案は、与党である自民党からは絶対に出てきません。新しい政治文化をもたらすのは、いつだって挑戦者たる野党なんです。

政治が停滞しきっているいまこそ、実は野党にとってチャンス。水と油の野党が共闘するための唯一の方法は、誰にとっても説得力のある強力な総理候補を立てること。みんなを納得させられるその総理候補の条件は「実績」のみです。どこでもいいのですが、とにかくどこかの自治体で行政手腕を発揮して結果を残した人物。「私たち野党が目指すモデルがここにある。この人の行政手腕を国政の場で発揮させてみましょう」と、有権者を説得できる人物です。

これが可能になれば、色んな違いを乗り越えて野党が手を組むことができる。党首ではなく、その時に一番実績を上げている自治体の首長を担ぐ。「今回の選挙は、この人を総理大臣にするために手を結びます」と。そういう形の与野党一騎打ちこそ、二大政党政治が用意した、これからの闘争のあり方なのではないかと考えます。
だって、「政権交代を目指すのは次の次」とか言ってる野党第一党の党首なんか担いだって、絶対に勝てません。もともと「やって見せることができない」のが野党の弱みなんだから、自治体の首長経験者を担ぐことは、その弱みをカバーすることにもなる。
だからこそ、「明石市でやって見せた泉さんに国政の舵取りを任せてみたい」と、泉さんへの期待が高まっているんです。

泉 自分のことはちょっと喋りにくいのですが。

——やっぱり政治は結果だから。どんなに小さな自治体であっても、そこで責任を背負いながら首長として結果を出した人間は、それだけで評価に価する。なぜなら、実績や結果は嘘をつけませんから。やったことのない人がいくら「やります」と言ったところで、リアリティは薄い。

泉 それはそうですね。

マスコミの責任も大きい

——マスコミにも責任がある。日本のマスコミは印象報道ばかりで、きちんと政治家の実績を評価してこなかった。

泉　たしかに、政治家を実績で評価する文化が、日本ではほとんど見受けられません。選挙の際に政治家が掲げた公約がきちんと守られたか、チェックすらしませんからね。

長く付き合わせてもらってる元三重県知事の北川正恭さんは、マニフェスト（公約）を大事にされている方でして、「マニフェストは地方で生きている」と主張した上で、公約に掲げていない防衛増税や原発の運転期間の延長を決める首相を批判されています。

たとえば、ある政治家が初めて、市長に立候補して当選したとしますよね。彼には実績がないわけですので、掲げた公約がきちんと果たされたかどうかで、その手腕を評価するしかない。彼自身も、果たされなかったなら、なぜ果たされなかったのかをきちんと検証しないことには、引き続き公約実現に向けて動くべきか、それとも転換を図るのか、方針を決定することができない。

公約の中身と、公約実現に向けての実行力。この両輪が大事なんです。マスコミは選挙になったら公約ばかり報道しますが、マスコミ自身が「公約なんてどうせ実現しない」と思っているかのように、当選後に公約実現に向けてどう動いたのか、という点に関してはほとんど追及しない。ホンマ適当なんですわ。公約がどうせ実現しない、どうでもいい代物なら、そもそも選挙する意味がない。

公約は市民との約束なんですよ。当然、守らなくてはならない。少なくとも、守るためにベストを尽くさないといけません。

——これもやっぱり、2009年に誕生した民主党政権の罪が大きい。あの時、みんな民主党に期待しました。革新的なマニフェストもありました。でも、そこになかった消費増税が実施された。あれがもたらした政治不信がいまにつながっているわけですから、公約中心に政治を変えようと言ったところで、国民はもうついてこないでしょう。

民主党に絶望して自民党しか選べないんだけど、自民党も全然ダメで、嘘ばっかりつくし景気も悪いままだし、格差は広がる一方。どちらにも期待を抱けず「これどうするの?」と真っ暗闇な状況のなかで、明石市に代表されるような、実績を上げた自治体が唯一の光なんです。

日本のリーダーの有資格者

――**実名を挙げるとすると**

「実績」「結果」を評価軸にした場合、日本には数多の政治家がいますけど、国民の期待を引き寄せられる総理候補はそういない。何度も言っているように、泉さんがその一人であることは間違いないのですが、総理候補の有資格者は本当に限られていま す。思い当たる人います？

泉 難しい質問ですね。

――まだまだ粗削りですが、れいわ新選組の山本太郎さんなんかは、傑出したリーダーの一人だと思います。たった一人でゼロから立ち上げて国政政党にまで育て、思い切った政策を提案し、政治的影響力を行使できることを証明したわけですから。しかし、やっぱり実績がない。

泉 そこが弱いところですね。その点維新が強いのは、大阪で一定の勢力となり、実際に政治行政を担っていること。賛否両論はありますが、維新を支持している大阪府民は、生活のリアリティに基づいて支持しているわけだから、そこは強い。

――山本太郎さんが東京都知事を狙った戦略は正しかったと思います。つまり、れいわ新選組という弱小政党が、やって見せるには自治体の長を取るしかないと。負けちゃったけど、戦略としては正しかった。維新とは政策的立場は真逆ですが、政治的戦略は維新に倣《なら》ったといえるでしょう。

そう考えるとやって見せたことのある人って本当に少ない。小池百合子さんも東京で維新に倣って都民ファーストをつくりましたが、維新ほど地域政党として機能せず、今のところ「東京が変わった」という実績も示していません。今なお「期待」を引き寄せる政治手法から抜け出していない。希望の党があっけなく頓挫した一つの理由はそこにあると思います。

大阪維新の会の橋下徹さんや松井一郎さんは、やって見せた。政策転換の方向性について評価は割れていますが、「大阪は変わった」という実感を府民や市民が持ったからこそ、維新は10年以上にわたって強い支持を維持しているのだと思います。松井さんは政界引退を表明し、橋下さんはすでに引退してますけど、この二人はやって見せたという意味で、一種の政治的影響力を残している。

同じように、泉さんも政治家引退を表明されましたけど、やって見せたわけですから、政治的影響力を残しました。そういう影響力を残したと言える政治家は、ほとんんど見当たらないんですよ。今後の泉さんの、国政に対する役割は非常に重要。むしろ、これからのほうが重要と言えるかもしれない。

泉　自分も市長になった後に、実績ある首長のやり方を勉強しながら参考にしました。市民の声を聞き、空気を感じながら、真似していった経緯がある。

大事なことは時代で変わる

泉　私は魚の町・明石で育った漁師の子。ずっと、魚といえば「鯛」だと思っていた。でも、私が市長になってすぐに、「明石の魚といったら、何ですか？」と市民アンケートを取ったら、結果を見てびっくり。60歳以上はほとんどが「鯛」と答えたのですが、40歳以下はほとんどが「タコ」だった。40歳代と50歳代は半々。世代でスパッと分かれる気持ちがいい結果が出てきた瞬間に、「これからの明石はタコや」と思った。

すぐに、さかなクンにお願いして、明石たこ大使になってもらいました。

――「さかな」クンなのに（笑）。

泉　さかなクンって、いっぱい大使をやっているんですけど、全部魚の大使なんです。明石だけが魚じゃなくて、タコ！

加えてそのとき、「これからはタコで勝負だから、明石焼をブレイクさせよう」と考えました。明石焼で日本一獲ったろうと。B－1グランプリ（ご当地グルメによるまちおこしの祭典）って公職選挙法がないんですね。だから、派手なPRを仕掛けて、みごと日本一になりました。いまや明石焼は、明石のブランドとして根付いています。

私も明石といえば鯛やと思い込んでいた。「魚の王様は鯛」「明石の鯛」という頭です。でも、若い世代がタコなら、鯛を押し通す意味はない。自分の思い込みが古いなら、捨てなきゃいけません。

私なんか、あれから一気にタコですわ。タコの帽子を被って、着ぐるみ着て、タコを押しまくった。これは実は大事なことで。自分目線じゃなくて、まさに市民目線ということにつながるんですよ。

死ぬまで闘いは続く

すべては「冷たい社会を優しくする」ために

――他の自治体や首長を応援していきたいとおっしゃっていましたが、今後は具体的にどんな活動が中心になっていきますか？

泉　市長という公職の制約が無くなり、明石だけでなく、他のまちのこともできる立場になりますから、明石市の範囲を超えて、より広域での活動にシフトしていくつもりです。

実際に、冷たい社会は変えることができるんです。私は、明石のまちだけが良くなればいいなんて、思ったことはありません。だからツイッターでも、明石市ですでにできたことは「他の自治体でも、国でもできる」と、ずっと声を大にして言い続けています。これまでは控え目な発言しかできなかったけど、市長職を離れたら、ようやく遠慮することなくハッキリ物言うこともできる（笑）。明石から「始める」段階から、本格的に全国各地へ「広げる」活動へ、さらにギアを上げてガンガンいきますよ。

思えば私の市長時代は、総スカンの6年から、周囲の目が変わった3年、認識が広がった3年と続きました。次のステージへ向けた今の心意気は、かつて小中高の12年を終え、地元明石から上京した頃のように、やる気に満ち満ちています。さあ、やるぞ！　って（笑）。

子どもの頃に強く誓った「冷たい社会を変える」という思いは、今もしっかり胸に刻まれています。心ある首長を応援しながら、一緒に優しいまちへ、次々と変えていきます。

――議会や役所と戦って孤立しながら、12年間、改革市長をやり続けた泉さんの経験が何よりのアドバイスになるでしょう。

泉　当面の見立てとしては、次の総選挙でがらりと変わると期待しています。2025年7月に衆参ダブル選挙になると睨んでいまして、兵庫県の場合は知事選も重なってトリプル選挙になる。ここが一つの山場でしょう。何度も言ってますが、変わる時は一気に変わるから。それこそ、ずずずっと地球の地盤が動くようなイメージかな。

いま、国民は苦しんでいます。私が増税批判のツイートをすると、共感が溢れかえる。それだけキツキツの生活をしてるわけです。その結果、人生が変わっちゃってる人もたくさんいます。「これ以上税金上がるなら、子どもは一人でやめておこう」とか。

にもかかわらず、国の政治家は「子どもが少ないのは、女性が早く結婚しないから」なんてズレたことをいう。

「何言うてるねん！　あんたら、私らのこと全然わかってへんな！」

という国民の不満が、マグマのように溜まっているのが、今の状況です。国民の根っこのところにある不満に対して、どこの既成政党も新たな道を示せていない。そこが示せる政党なり政治家が出てくると、状況は一気に変わるでしょう。

私、こう見えて選挙が大好きでね。自分が出なくても選挙そのものが好き。だって、私みたいなモンでも出れますやん。

――2011年、「どうかしてる泉」が突然市長選に出馬したように。

泉　そうそう。出ると言ったら、誰も止められないわけよ。おまけに、全員に等しく一票が与えられている。どんな有名人も有力者も、全く名前の知られてない人も、みんな一人一票なの。等しい一票を、等しく行使できる。選挙というものは、やっぱり可能性の宝庫なんです。どんなに期待の持てない状況でも、そこを諦めてはいけません。

そのために、私にできることがある。市長という看板は下ろしますが、政治に携わることはやめません。「冷たい社会を優しくする」闘いは、これからも一生、続きます。

あとがき

泉房穂少年は齢《よわい》十にして将来は明石市長になると決意した。冷たい社会を今より優しくするために。誰一人見捨てない政治を実現するために。

政治闘争の原点を知りたくて、桜のつぼみが膨らむ3月20日、彼が生まれ育った明石市の漁師町を訪ねた。市の西の端にある西二見。古びた板壁づくりの家が建ち並び、狭い路地がその合間を縫うように走る、ひっそりとした集落である。

明石海峡は日本有数の豊かな漁場だ。けれども市の中心部から離れた西二見は古くから強い西風が吹きつける難所として敬遠される貧しい漁村だった。

先の大戦では他の地域に先駆けて召集令状が次々に届き、激戦地へ送り込まれていった。泉さんの伯父3人も戦死している。父親は小卒、3軒隣で生まれ育った母親は中卒。貧しい漁師の家に障害を持った弟が生まれた。戦後憲法が掲げる「法の下の平等」は名ばかりの現実世界で、泉少年は世の中に連綿と続く不条理を知り、冷たい社会を憎み、優しい社会へ変えようと誓ったのである。

はじめて対面したのは参院選が迫る2022年夏だった。新聞社を辞めて最初に上梓した『朝日新聞政治部』のプロモーションで「対談したい方はいますか」と編集者の山中武史さんから打診され、真っ先に思い浮かんだのが泉市長だった。

明石市は大胆な子ども政策で人口も税収も伸ばし全国から注目を集めていた。泉さんが始めたツイッターのフォロワー数はウナギ登りに増え、永田町に閉塞感が漂う中で最も勢いを感じる政治家だった。私は多少の下調べはしたものの、彼の政治人生を細かく頭に入れる余裕がないまま、東京・音羽の講談社へ妻と向かった。

泉さんは小柄な体を上下左右に激しく揺らしながら甲高い声でまくし立てる政治家だった。ほとばしる熱情を制御できない様子に私たちは圧倒された。妻は対談を収録してユーチューブで配信するためカメラを回していたが、彼女の表情はみるみる曇っていった。画像や音声を整える編集作業に費やす膨大な時間を想像して途方に暮れたのだろう。

妻の表情がパッと明るくなったのは、少年時代に話題が移った時だ。西二見で障害のある弟と暮らした日々、そこで体感した世の中の不条理……。泉さんの声は乱高下を繰り返し、弱い立場にある人々へ注がれる溢れんばかりの愛情と、冷たい社会に対してこみ上げてくる激しい憎悪が交錯して、その姿は還暦間近の政治家というよりもひとりの少年そのものだったのである。

編集作業は困難を極めた。けれども妻はこれまでになく楽しそうに画面に向かっていた。泉さんの目が輝いていて編集のしがいがあるという。「これはお母さん層の心を鷲掴《わしづか》みにするわよ」とも言った。私が永田町で出会ってきた政治家たちとは別世界に立ち入った気がした。

その年の秋、老夫婦が営む小料理屋に妻と訪れていた時、テレビから衝撃のニュースが飛び込んできた。泉市長が市議会議長らに暴言を吐いた責任を取り政治家を引退すると表明したというのだ。政治的に追い詰められたと私は直感した。しかしカウンター越しの女将と私の隣に座る妻の反応は違った。泉さんの「積もりに積もった怒りが爆発した」というコメントが流れた時、彼女たちは噴き出して笑ったのである。

政治記者としてキャリアを積んだ私の政局観は誤っていた。泉さんは絶体絶命の危機を逆手に取り、四方から押し寄せる風圧に押し上げられて真上へ飛び出したのだ。シナリオなき政治ドラマの幕開けだった。永田町の退屈な猿芝居とはまるで違う。引退表明を経て、泉さんは「闘う市長」としてその名を全国に轟かすことになった。「泉さん、負けないで」の声は明石から全国へ広がった。

どちらが勝ってもさして変わらぬ二大政党政治、モラルが崩壊して虚偽隠蔽を重ねる政治家や官僚たち。この国の政治へのあきらめが広がるなかで、明石の地から湧き出した泉フィーバー。市議会も市役所も敵に回す四面楚歌の中で大胆な政策を次々にやって見せた泉市長の挑戦は「過半数を取らないと政治は動かない」という常識を覆し、地方発の政治改革がうねり出す期待感を高めている。そこには明石市政12年の戦いで培われた「明石にできたことは全国でもできる」というリアリズムがある。

私は20年を超える政治記者暦で泉さんと似た匂いを感じる二人の政治家と出会った。古賀誠・元自民党幹事長と橋下徹・元大阪府知事。古賀氏は構造改革を阻む抵抗勢力のドン、橋下氏は既得権を打ち壊す構造改革派として対極に位置付けられるが、彼らに通底するのは、世の中の不条理に対する強烈な憎しみを政治エネルギーに変換したことだった。泉さんはそれが「優しい社会」をつくる方向へ大量に溢れ出したといえるだろう。

本書の対談で最も印象に残ったのは「私は故郷・明石のことを心から憎み、心から愛してるんです。まだ消えない理不尽に対して、誰よりも強い憎しみを抱いている」という泉さんの言葉だった。故郷に対する愛と憎しみの果てに、冷たい社会を優しい社会へ変える激しい政治闘争を繰り広げてきたのだ。

戦線はこれから全国へ広がっていく。泉さんが仕掛ける政治闘争は、名門一族に生まれた安倍晋三氏、麻生太郎氏、岸田文雄氏ら自民党の貴族政治の対極に位置する。小沢一郎氏が主導した1993年の非自民連立政権や、二大政党政治のもとで実現した2009年の民主党政権とも似て非なるものだ。泉さんの闘いにはリアリズムに満ちた土着性がある。心がある。「上からの改革」とは真逆である。

政治は結果がすべてだ。やって見せるしかない。冷たい社会を牛耳る政財官マスコミ界の上級国民たちをなぎ倒し、誰一人見捨てない優しい政治を実現してみせる——。泉さんが明石市長を卒業した翌日に刊行する本書は、圧倒的多数の庶民とともに立ち上がる新たな政治闘争宣言である。

2023年5月1日　鮫島　浩

泉 房穂　いずみ・ふさほ

１９６３年、兵庫県明石市二見町生まれ。県立明石西高校、東京大学教育学部卒業。ＮＨＫ、テレビ朝日でディレクターを務めた後、石井紘基氏の秘書を経て、１９９７年に弁護士資格を取得。２００３年に民主党から出馬し衆議院議員に。２０１１年５月から２０２３年４月まで明石市長。「５つの無料化」に代表される子ども施策のほか、高齢者・障害者福祉などにも注力し、市の人口、出生数、税収をそれぞれ伸ばして「明石モデル」と注目された。

鮫島 浩　さめじま・ひろし

ジャーナリスト。１９７１年生まれ。京都大学法学部の佐藤幸治ゼミで憲法を学ぶ。１９９４年に朝日新聞社入社。つくば、水戸、浦和の各支局を経て、１９９９年から本社政治部。菅直人、竹中平蔵、古賀誠、与謝野馨、町村信孝ら与野党政治家を幅広く担当し、２０１０年に39歳で政治部デスクに。２０１２年に調査報道に専従する特別報道部デスク。２０２１年に退社してウェブメディア「SAMEJIMA TIMES」開設。連日記事を無料公開するとともに、YouTubeで政治解説動画を配信している。新聞社崩壊の過程を克明に描く『朝日新聞政治部』を２０２２年に上梓。

政治《せいじ》はケンカだ！　明石《あかし》市長《しちょう》の12年《ねん》

二〇二三年五月一日第一刷発行

著者　泉《いずみ》 房穂《ふさほ》　鮫島《さめじま》 浩《ひろし》

発行者　鈴木章一

発行所　株式会社 講談社
東京都文京区音羽二-一二-二一　郵便番号一一二-八〇〇一
電話　編集　〇三-五三九五-三五二二
販売　〇三-五三九五-四四一五
業務　〇三-五三九五-三六一五

印刷所　株式会社新藤慶昌堂

製本所　大口製本印刷株式会社

ISBN978-4-06-531899-7

KODANSHA